CW01558051

TABLE DES MATIÈRES

Le squelette 6

Les muscles 10

Le cœur 14

Le sang 18

La respiration 22

La digestion et
l'appareil digestif 26

Les reins 30

Les dents 34

La voix et la parole 38

Le cerveau et
le système nerveux 40

Les oreilles 46

Les yeux et la vue 52

Le goût et l'odorat 58

La peau et le toucher 62

Les poils, les cheveux
et les ongles 66

Faire un bébé 68

Neuf mois pour naître 70

Le jour de la naissance 76

Les premières semaines
de la vie 80

Du bébé à l'enfant 84

L'adolescence 88

Le vieillissement 90

Une bonne alimentation 92

Bien se laver 94

Indispensable sommeil 98

Les rêves et
les petits ennuis de la nuit . . . 104

Quand le corps est malade 110

La visite chez le médecin 114

À l'hôpital 118

Attention, soleil ! 120

Vilaines bébêtes et
plantes toxiques 122

MDS : 285583N1
ISBN : 978.2.215.09627.6
© Groupe FLEURUS, 2008
Dépôt légal à la date de parution.
Conforme à la loi n° 49-956 du 16 juillet 1949
sur les publications destinées à la jeunesse.
Imprimé en Italie (01/13)

POURQUOI COMMENT

LE CORPS

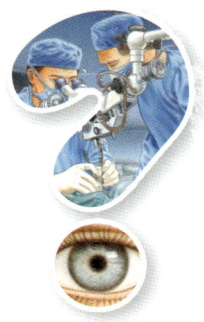

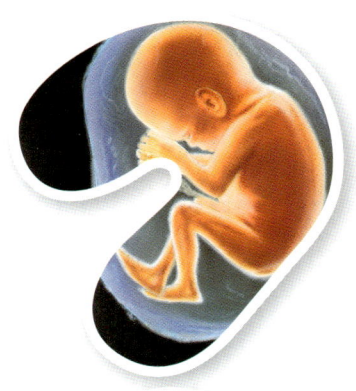

Conception :
Émilie Beaumont

Textes :
Cathy Franco

Images :
MIA : G. Costa
Isabelle Rognoni

FLEURUS

FLEURUS ÉDITIONS, 15-27 rue Moussorgski 75018 PARIS
www.fleuruseditions.com

Le squelette

- *Le squelette est la charpente de notre corps ; sans lui, nous serions tout mous et ne tiendrions pas debout.*

- *Certains os protègent nos organes les plus fragiles ; la boîte crânienne abrite le cerveau ; les côtes forment une cage autour du cœur et des poumons.*

- *La colonne vertébrale est l'axe de notre corps ; elle soutient la tête et le tronc.*

- *Certains os renferment de la moelle osseuse qui fabrique des globules rouges, composants essentiels de notre sang.*

pourquoi avons-nous plus d'os à la naissance qu'à l'âge adulte ?

Simplement parce qu'au cours de la croissance certains petits os se soudent pour en former de plus gros. De 300 os à la naissance, il nous en reste 206 à l'âge adulte.

Comment nos os grandissent-ils ?

Au bout des os se trouve du cartilage, un matériau élastique qui s'allonge et durcit tout au long de la croissance et forme de l'os nouveau.

pourquoi le squelette de la tête n'a-t-il pas de nez ?

Parce que le nez n'est pas un os, mais

un cartilage attaché à l'os, qui se décompose une fois que l'on est mort.

pourquoi les adultes ne grandissent-ils plus ?

Parce que les os s'arrêtent de grandir à l'âge de 20 ans environ chez l'homme et de 15 ans chez la femme.

Pour arriver à danser à la perfection, il faut s'entraîner dès son plus jeune âge, répéter et répéter sans cesse les mêmes pas et surveiller son alimentation.

Comment font les danseurs pour faire le grand écart ou lever la jambe si haut ?

Les enfants sont souples naturellement et, pour le rester à l'âge adulte, il faut faire du sport et s'entraîner beaucoup et régulièrement afin que les ligaments qui relient les os restent très élastiques. C'est ce que font les danseurs.
Ils commencent très jeunes à faire des exercices. En règle générale, les femmes sont plus souples que les hommes.

Comment font les contorsionnistes pour entrer dans une petite boîte ?

Certains, comme les danseurs, sont extrêmement souples et s'entraînent énormément. D'autres sont atteints d'une anomalie héréditaire, le syndrome d'Ehlers-Danlos : leurs ligaments articulaires sont hyper élastiques.

Pourquoi les nains sont-ils si petits ?

Parce que leur petite taille est due à un dérèglement du système qui contrôle la croissance ; leurs os se sont arrêtés de grandir en longueur.

INCROYABLE !

● L'homme le plus grand du monde à 21 ans ne mesurait que 1,18 m. Sa croissance s'accéléra ; à 31 ans, il mesurait 2,18 m. À 51 ans, année de sa mort, il atteignait 2,72 m !

Le squelette

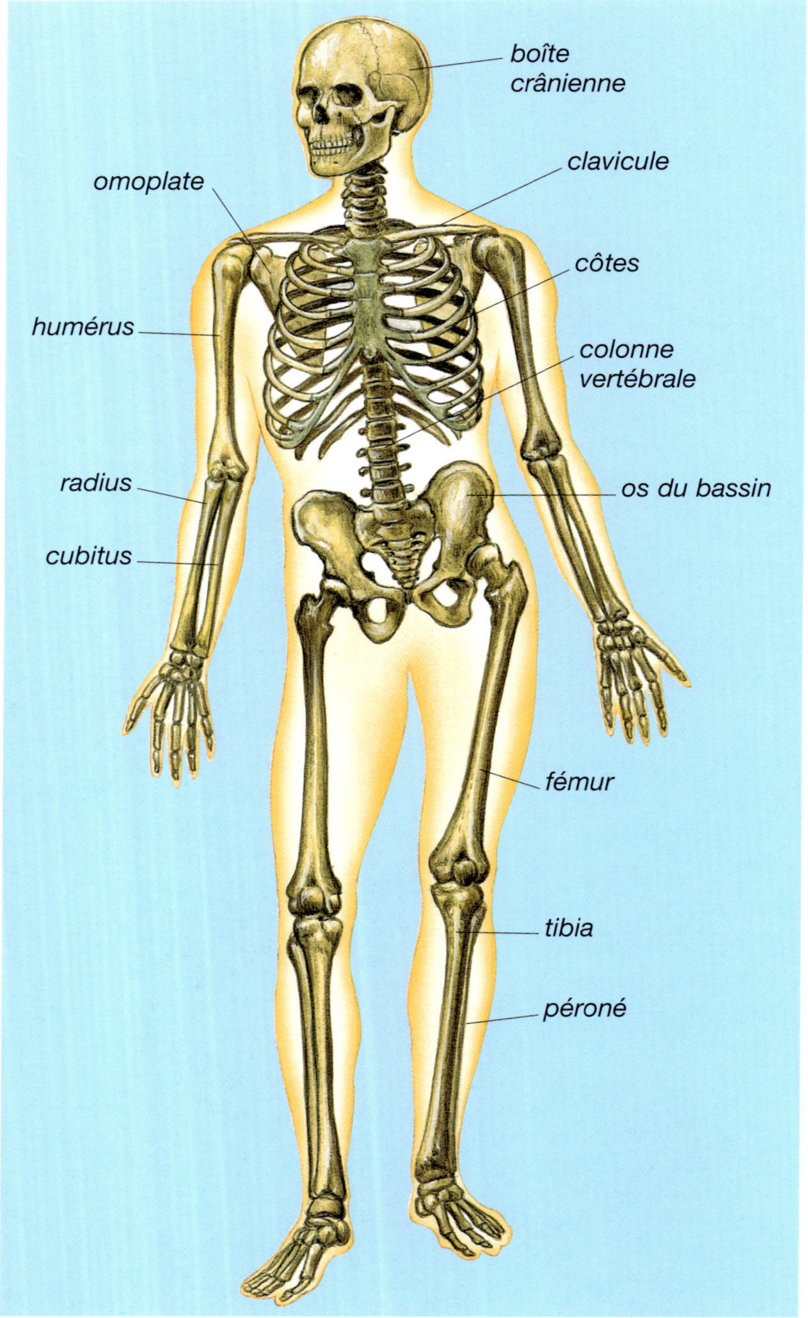

boîte crânienne

clavicule

omoplate

côtes

humérus

colonne vertébrale

radius

os du bassin

cubitus

fémur

tibia

péroné

Pourquoi le coccyx forme-t-il une petite bosse sous la peau ?

Parce qu'il y a très, très longtemps l'ancêtre de l'être humain possédait une queue, dont le coccyx est le vestige. Dans le ventre de sa mère, l'embryon de quelques semaines présente d'ailleurs cette queue, souvenir de ses lointaines origines. Elle s'estompe progressivement, jusqu'à former un petit os saillant, le coccyx.

Pourquoi les os des bras et des jambes se cassent-ils facilement ?

Parce qu'ils sont plus fragiles que d'autres os du fait de leur longueur, et aussi parce qu'ils sont beaucoup plus exposés aux chocs violents.

Comment recolle-t-on un os cassé ?

Un os cassé se répare tout seul ! Les cellules qui le constituent grandissent et comblent le vide laissé par la fracture, formant une substance appelée le cal. Petit à petit, le cal se transforme en os. Il faut compter 2 à 3 mois pour qu'un os se ressoude.

Pourquoi pose-t-on un plâtre ?

Pour que l'os puisse se ressouder correctement, il faut que les parties cassées soient bien alignées et que l'os ne bouge pas pendant un certain temps. On pose donc un plâtre pour l'immobiliser.

Pourquoi certaines personnes âgées sont-elles toutes bossues ?

Être bossu correspond à une déformation de la colonne vertébrale due à une mauvaise tenue du dos ou à une maladie.

Aujourd'hui, on dépiste les défauts de maintien du dos dès l'enfance et on les corrige pour éviter qu'ils n'empirent. Toutes les personnes âgées n'ont pas eu cette chance !

Pourquoi cela fait-il si mal quand on se cogne l'os du coude ?

Ce n'est pas l'os traumatisé qui provoque cette douleur aiguë particulièrement insupportable, mais un petit nerf qui longe le coude Si l'on se cogne à l'encroit où il passe : aïe, aïe, aïe !

Comment se fait-on une entorse ?

En se tordant la cheville, par exemple. Les ligaments élastiques qui relient les os sont trop étirés, et parfois ils se déchirent. Une foulure est une entorse pas très grave.

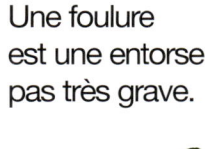

INCROYABLE !

- L'os le plus grand est le fémur, l'os de la cuisse ; il peut atteindre 50 cm, contre seulement 3 mm pour le minuscule étrier, un os de l'oreille.

Les muscles

- Au nombre de 650, nos muscles permettent tous les mouvements, expressions et postures de notre corps : rire, sourire, cligner des yeux, marcher, se pencher, respirer, manger...

- Certains muscles agissent quand nous le décidons. D'autres, comme le cœur, se contractent automatiquement.

- Les muscles représentent presque la moitié du poids de notre corps ; un enfant de 30 kg a 12 kg de muscles !

- La myopathie est une maladie héréditaire des muscles qui touche les enfants dès le plus jeune âge.

Comment bouge-t-on ?

La plupart de nos muscles sont attachés aux os par de solides cordons, les tendons. Beaucoup actionnent nos articulations. En se contractant, ils tirent sur les os pour les faire bouger.

Comment rit-on ?

Quand nous rions, une bonne trentaine de muscles entrent en action : ceux du visage (muscles des pommettes, des narines, des paupières...), ceux du cou, mais aussi ceux de la respiration et du ventre !

Pourquoi fait-on "ha ! ha ! ha !" quand on éclate de rire ?

Parce que lorsque nous rions, le diaphragme, le principal muscle de la respiration, se contracte par

secousses. Ces contractions envoient de l'air par saccades dans la gorge et sur les cordes vocales (les organes de la voix), d'où le fameux "ha ! ha ! ha !"

Les sportifs qui s'entraînent beaucoup ont des muscles développés.

du biceps quand on plie le bras, ou du muscle du mollet quand on se met sur la pointe des pieds).

Pourquoi les sportifs ont-ils de gros muscles ?

Parce qu'ils s'entraînent beaucoup et font des exercices pour développer leur musculature. Ainsi, ils deviennent plus performants.

Pourquoi certains muscles gonflent-ils quand on les contracte ?

Parce que les fibres striées qui les composent se resserrent si fort qu'ils deviennent très durs et raccourcissent, en formant une bosse (c'est le cas

Pourquoi a-t-on chaud quand on fait de l'exercice ?

Nos muscles sont le moteur de notre corps. Pour bien fonctionner, ils ont besoin d'un carburant (du sucre et de l'oxygène) qu'ils puisent dans le sang. Lorqu'ils sont sollicités, ils consomment ce carburant et produisent de la chaleur (tout comme le bois produit de la chaleur en brûlant). C'est pourquoi nous avons chaud !

Pourquoi tremble-t-on quand on a froid ?

Parce que nos muscles se contractent pour permettre à notre corps de produire de la chaleur.

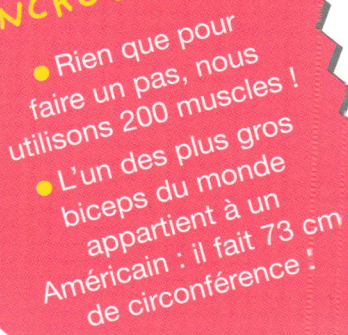

INCROYABLE !

- Rien que pour faire un pas, nous utilisons 200 muscles !
- L'un des plus gros biceps du monde appartient à un Américain : il fait 73 cm de circonférence !

Les muscles

trapèze

grand pectoral

biceps

triceps

Pour arriver à un tel développement des muscles, il faut s'entraîner souvent et longtemps en suivant une bonne hygiène alimentaire.

pourquoi, parfois, a-t-on mal partout après un effort ?

Lorsqu'ils travaillent, les muscles consomment un carburant qui leur est fourni par le sang. La combustion de ce carburant produit un déchet : l'acide lactique. Lors d'un exercice prolongé, les muscles accumulent trop d'acide lactique, ce qui les rend douloureux et provoque des courbatures, cette impression d'avoir mal partout.

pourquoi faut-il s'échauffer avant un effort physique ?

Pour préparer tous les muscles, y compris le cœur, à l'effort. Quand on s'échauffe, le sang afflue dans les muscles et leur apporte l'énergie dont ils ont besoin pour bien se contracter.

Comment se manifeste une crampe ?

Une crampe est une contraction très douloureuse d'un muscle qui n'arrive plus à se relâcher. Comme les courbatures, elle est due à un excès d'acide lactique dans un muscle à la suite d'un surmenage physique ou d'un manque d'entraînement avant un exercice. Pour

soulager une crampe, il faut réchauffer le muscle, le masser et l'étirer.

~~~~~~~~~~~~~~~~~~~~~~~

Pourquoi ne faut-il pas se découvrir après un effort ?

Parce que la chaleur que nous ressentons est due à l'effort que nous venons de fournir, et non à l'air ambiant. Si l'on se découvre, les muscles ont plus de mal à se décontracter. On risque des courbatures.

Pourquoi doit-on faire des étirements à la fin d'un exercice physique (football, gymnastique, etc.) ?

Parce que les étirements empêchent les muscles de se rigidifier en éliminant les déchets qu'ils ont produit pendant l'effort. On évite ainsi les courbatures.

Comment attrape-t-on un torticolis ?

Le torticolis est une contraction prolongée des muscles du cou à la suite d'un faux mouvement, d'un effort brutal ou encore, d'une mauvaise position pendant le sommeil. Un courant d'air froid peut également être néfaste au muscle, qui, à force de se contracter, devient douloureux.

INCROYABLE !

● Malgré tous nos muscles, nous sommes loin d'avoir la force d'une fourmi. Si c'était le cas, nous pourrions soulever une voiture à bout de bras !

13

Le cœur

- *Pas plus gros qu'un poing fermé, le cœur est un muscle qui fait circuler le sang dans toutes les parties du corps.*

- *Il est formé de 2 parties bien séparées qui fonctionnent à la manière d'une pompe. La partie droite pompe le sang riche en oxygène qui se trouve dans les poumons et le propulse dans tout le corps. La partie gauche pompe le sang qui a livré l'oxygène dans tout le corps et l'envoie vers les poumons pour qu'il se recharge en oxygène.*

- *Les artères véhiculent le sang du cœur vers l'ensemble du corps. Les veines ramènent le sang vers le cœur.*

Pourquoi le cœur fait-il ce bruit régulier : "Boum-boum ! Boum-boum !" ?

Pour propulser le sang à l'intérieur de notre corps, le cœur se contracte. Ce sont ces contractions qui provoquent les battements que l'on ressent. C'est parce que le sang passe et repasse sans arrêt par le cœur qu'il est obligé de se contracter régulièrement.

Pourquoi le cœur bat-il plus vite quand on court ?

Pour fonctionner, nos muscles ont besoin d'énergie. Elle leur est fournie par le sang, riche en aliments digérés et en oxygène. Quand on court, nos muscles ont besoin de plus d'énergie ; le cœur bat donc plus vite pour propulser plus vite le sang vers les muscles.

Pourquoi sent-on battre son cœur dans la poitrine quand on est essoufflé ?

Quand on est essoufflé, notre cœur bat particulièrement vite pour fournir plus d'énergie, donc plus de sang, à nos muscles épuisés. Ce ne sont pas les battements de notre cœur que nous ressentons alors, mais le gros afflux de sang qui s'engouffre à intervalles réguliers dans nos artères.

Pourquoi prend-on son pouls ?

Parce que le pouls indique à quelle vitesse bat notre cœur.

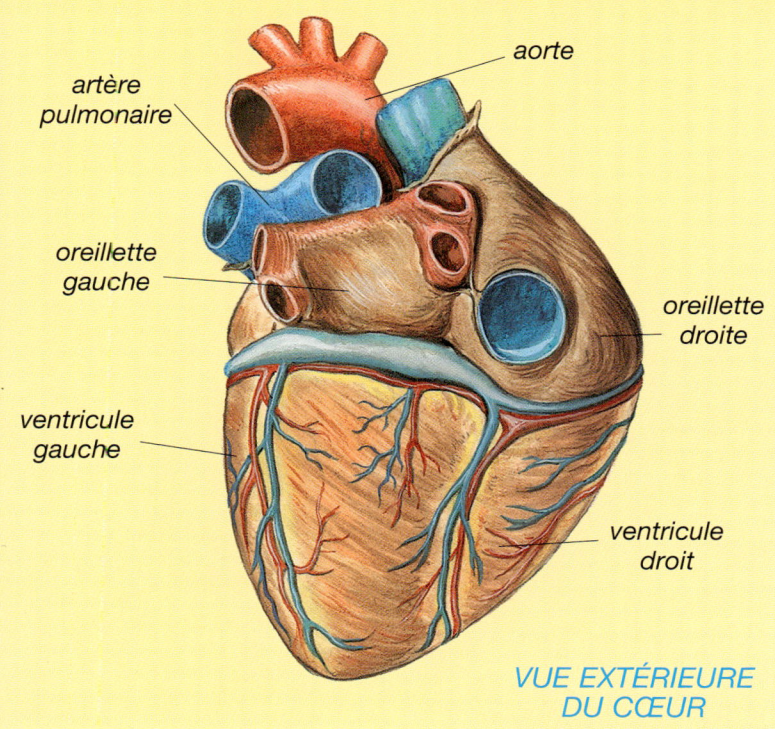

- aorte
- artère pulmonaire
- oreillette gauche
- oreillette droite
- ventricule gauche
- ventricule droit

VUE EXTÉRIEURE DU CŒUR

compter les battements pendant 15 secondes et multiplier leur nombre par 4. Attention ! chez l'enfant, le cœur bat plus vite, soit environ 80 pulsations par minute.

Pourquoi sent-on battre son cœur quand on pose le doigt sur le poignet ?

Parce que l'artère – et non la veine ! – sur laquelle nous appuyons bat au même rythme que notre cœur. Normal : l'afflux de sang dans les artères provient des contractions régulières du cœur.

Au repos, le cœur d'un adulte en bonne santé bat environ 70 fois par minute. La vitesse peut augmenter si on a de la fièvre ou suite à une émotion forte. Les battements peuvent atteindre 200 à 250 pulsations par minute chez certains sportifs ou chez les personnes souffrant de troubles du rythme cardiaque.

Comment prend-on son pouls ?

Il suffit de poser un doigt à l'intérieur du poignet, sur l'artère qui se trouve dans le prolongement du pouce. Ensuite, on compte le nombre de battements pendant une minute. On peut aussi

INCROYABLE !

- Le cœur des sportifs subit un tel entraînement qu'au repos il peut se contenter de 35 battements par minute pour pomper et faire circuler le sang dans tout le corps.

Pourquoi le cœur est-il toujours associé à l'amour et aux sentiments ("Je te donne mon cœur", "Tu n'as pas de cœur") ?

Sans doute parce que de nombreux philosophes de l'Antiquité pensaient que le cœur était le siège de la pensée et des sentiments.

Pourquoi meurt-on quand le cœur s'arrête de battre ?

Parce que notre organisme n'est plus alimenté en

oxygène et qu'il en a besoin pour vivre. En effet, lorsque le cœur s'arrête de battre, il ne peut plus pomper notre sang pour le faire circuler dans notre corps. Or c'est le sang qui véhicule l'oxygène !

Comment survient une crise cardiaque ?

Quand un caillot (un amas de sang solidifié) bouche une coronaire, une artère qui alimente le cœur.

Celui-ci a alors du mal à fonctionner et peut même s'arrêter. La crise cardiaque est également appelée infarctus.

Pourquoi le cœur bat-il plus vite quand on a peur ?

Quand on a peur, nos muscles se contractent automatiquement pour préparer notre corps à fuir. Comme nos muscles sont sollicités, ils réclament plus

d'énergie, donc plus de sang. Le cœur bat donc plus vite pour leur en fournir.

Pourquoi envoie-t-on de l'électricité aux gens dont le cœur vient de s'arrêter ?

En battant, notre cœur produit de l'électricité. On peut d'ailleurs enregistrer cette activité électrique grâce à un électrocardiogramme. On obtient alors un tracé qui correspond aux ondes produites par les contractions et les relâchements du cœur. Si on envoie de l'électricité aux gens dont le cœur vient juste de s'arrêter, c'est pour essayer de stimuler son activité électrique naturelle tant qu'il est encore temps, avant que le cerveau ne soit plus irrigué.

Là, le sang se solidifie (on dit qu'il coagule), il forme bientôt une croûte et la blessure cicatrise.

pourquoi a-t-on un bleu quand on se cogne ?

Parce que, quand les vaisseaux situés sous notre peau sont écrasés, du sang s'échappe parfois et s'étale en formant un bleu. Si ce sang devient bleu, c'est parce qu'il n'est plus oxygéné.

pourquoi devient-on tout pâle quand on a peur ?

Parce qu'une hormone, une substance commandée par notre cerveau, a entraîné la contraction de nos vaisseaux. Le sang a donc plus de mal à circuler et on pâlit.

pourquoi n'a-t-on pas de bleu, mais une bosse, quand on se cogne le front ?

Parce que, sous l'effet du coup, la peau vient directement s'écraser contre l'os situé en dessous, et que des vaisseaux situés plus en profondeur sont donc touchés. Le sang qui s'en échappe soulève la peau, qui gonfle.

pourquoi rougit-on ?

Notre sang circule sous notre peau à travers de petits vaisseaux tout fins. Lorsque nous sommes gênés ou intimidés, une hormone fait affluer

abondamment le sang dans nos vaisseaux. Ceux-ci s'élargissent pour le laisser passer (on dit qu'ils se dilatent) et, comme la peau de notre visage est très fine, cela se voit : on rougit.

pourquoi conseille-t-on d'appliquer un glaçon sur une bosse ?

Parce que, sous l'effet du froid, nos vaisseaux, en se contractant, rétrécissent et la bosse dégonfle donc un peu.

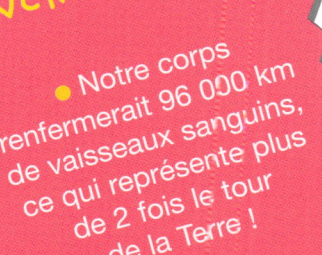

INCROYABLE !

● Notre corps renfermerait 96 000 km de vaisseaux sanguins, ce qui représente plus de 2 fois le tour de la Terre !

Le sang

- *Mis en mouvement par le cœur, le sang parcourt un immense réseau de vaisseaux sanguins (les artères, veines et capillaires) pour irriguer notre corps.*

- *Il est composé d'un liquide, le plasma, dans lequel baignent des cellules sanguines : les globules rouges, les globules blancs et les plaquettes.*

- *Les globules rouges transportent l'oxygène des poumons vers l'ensemble du corps.*

- *Les plaquettes permettent aux plaies de cicatriser.*

- *Les globules blancs s'attaquent aux microbes qui menacent notre santé ; ils font partie du système de défense de notre corps, le système immunitaire.*

pourquoi saigne-t-on du nez ?

À l'intérieur du nez, il y a de minuscules vaisseaux, appelés capillaires. Un coup ou une petite blessure peuvent les abîmer ; du sang s'en échappe et le nez saigne. Parfois aussi, après un trop gros effort ou un coup de soleil, les capillaires sont si dilatés que certains éclatent.

pourquoi est-on tout rouge quand on se tient la tête en bas ?

Parce que nous ne sommes pas faits pour vivre dans cette position. Quand on se tient ainsi, le sang afflue plus vite vers notre tête que lorsqu'on est "à l'endroit". Les vaisseaux se dilatent pour l'accueillir, et forcément ça se voit : on est tout rouge !

pourquoi a-t-on parfois des fourmis dans les jambes ?

Parfois, quand on reste trop longtemps dans une même

Il ne faut pas rester trop longtemps la tête en bas.

ou non d'une substance, appelée rhésus, dans les globules rouges. Seul le sang des personnes du groupe O en est dépourvu.

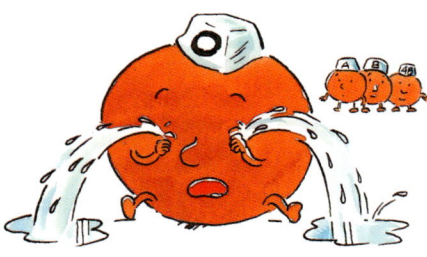

Comment les globules blancs nous protègent-ils contre les maladies ?

À chacun son arme ! Les lymphocytes B (globules blancs particuliers) bombardent les microbes d'anticorps, des subtances qui les neutralisent. Puis ils laissent d'autres globules blancs finir la besogne. Les lymphocytes T, eux, font littéralement exploser les microbes

en perforant leur membrane et en les obligeant à se remplir d'eau jusqu'à ce qu'ils éclatent ! Quant aux macrophages, les plus gros des globules blancs, ils avalent tout simplement leurs victimes et les digèrent ! Si l'ennemi persiste, lymphocytes et macrophages appellent à la rescousse tous leurs autres copains : les redoutables cellules K ou *killers* (tueuses), les polynucléaires, les granulocytes... Un vrai travail d'équipe ! Il arrive cependant que les microbes gagnent la bataille ; alors, on tombe malade !

position (assis les jambes repliées sous soi, par exemple), on comprime certains nerfs et vaisseaux sanguins et le sang a du mal à circuler. Les nerfs nous alertent en déclenchant des picotements ou des fourmillements.

Pourquoi est-on A+, B-, O ? Qu'est-ce que ça veut dire ?

Nous n'avons pas tous le même sang. En fait, il existe 4 grands groupes sanguins : A, O, AB et B. Le + et le - correspondent à la présence

INCROYABLE !

● Autrefois, les médecins pensaient que les malades souffraient d'un excès de sang. Ils pratiquaient donc des saignées, soit en ouvrant une veine avec un couteau, soit en y appliquant des sangsues.

21

La respiration

Nous avons besoin d'oxygène pour vivre. Quand nous respirons, l'air pénètre par le nez, mais aussi par la bouche, pour atteindre nos poumons. La respiration se déroule en 2 temps : l'inspiration et l'expiration.

Quand nous inspirons, le diaphragme, plancher musculaire sur lequel reposent nos poumons, s'abaisse pour leur faire de la place ; ceux-ci se gonflent d'air. L'oxygène est alors absorbé par le sang, qui le distribue dans tout le corps.

Quand nous expirons, nos poumons expulsent un déchet, le gaz carbonique, dont le sang s'est débarrassé. Le diaphragme se soulève et pousse sur nos poumons pour qu'ils se vident.

Pourquoi ne peut-on pas retenir trop longtemps sa respiration ?

Parce que notre cerveau, qui a besoin d'être oxygéné en permanence, nous en empêche. C'est lui, en effet, qui contrôle le rythme de la respiration.

Pourquoi est-on essoufflé après un effort ?

Lorsque nous faisons un effort, nos muscles consomment beaucoup d'oxygène ; en effet, c'est l'oxygène véhiculé par le sang qui leur fournit de l'énergie. Nous respirons donc plus vite pour donner plus d'oxygène à nos poumons ; et le sang se hâte de transporter cet oxygène vers les muscles. Si l'effort est trop intense, on n'arrive plus à respirer assez vite pour satisfaire nos muscles en oxygène : nous nous essoufflons.

Pourquoi ne peut-on pas respirer sous l'eau ?

Parce que nos poumons ne nous le permettent pas. Les poissons, eux, ont un système respiratoire qui leur permet de capter l'oxygène contenu dans l'eau.

débarrasse de l'acide lactique le diaphragme, qui peut reprendre du service.

pourquoi l'air que nous rejetons forme-t-il un petit nuage quand il fait froid ?

Parce que l'air qui sort de notre corps est plus chaud que l'air ambiant. La rencontre entre l'air chaud et l'air froid forme un petit nuage de buée.

ACIDE LACTIQUE

pourquoi a-t-on parfois un point de côté quand on court ?

Quand on court, on respire plus vite, et parfois pas très bien ! Quand il souffre d'une mauvaise alimentation en oxygène, le diaphragme fabrique un déchet, l'acide lactique, qui le rend dur et douloureux. C'est le point de côté. Les sportifs de haut niveau, lorsqu'ils ont un point de côté, prolongent leur effort malgré la douleur. Au bout d'un moment, le diaphragme cède le relais à d'autres muscles respiratoires situés entre les côtes. Pendant ce temps, le sang

INCROYABLE !

● Un homme a réussi à retenir son souffle sous l'eau pendant 15 min et 13 s après avoir ventilé ses poumons avec de l'oxygène pur.

pourquoi est-ce dangereux de fumer ?

Avant d'atteindre les poumons, l'air que nous inspirons traverse un long tuyau, la trachée. Celle-ci se divise en 2 gros tubes – les bronches – qui conduisent chacun à un poumon. Les bronches sont tapissées de cils qui s'agitent dans tous les sens pour faire remonter les impuretés que nous respirons jusqu'à la gorge, où elles sont avalées. Quand nous fumons, les particules nocives de la fumée de cigarette paralysent les cils des bronches, qui ne peuvent plus faire leur travail. La fumée gagne donc les poumons et les attaque. En Europe, le tabac tue 712 personnes par jour !

pourquoi a-t-on de l'asthme ?

Le plus souvent, les personnes qui ont de l'asthme sont allergiques à certaines particules véhiculées par l'air : pollen, poils de chat ou de chien, fumée de cigarette ou autres éléments polluants. Les bronches, ces tubes qui amènent l'air jusqu'aux poumons, se rétrécissent alors pour empêcher les particules de passer. Le problème, c'est que l'air qui transporte ces particules se retrouve aussi bloqué ; il circule moins bien et les poumons manquent d'oxygène, on respire mal. Parfois, aussi, l'asthme est dû à des problèmes psychologiques qui perturbent la respiration : un gros souci dont on a du mal à parler, par exemple.

pourquoi éternue-t-on ?

Quand de petites particules chatouillent les parois internes de notre nez (poussière, pollen, sécrétions dues au rhume...), nos poumons font provision d'oxygène. C'est pourquoi nous inspirons plusieurs fois avant d'éternuer ("Aaaa ..."). Notre principal muscle de

Même si on ne fume pas, respirer la fumée des autres est nocif.

pourquoi ferme-t-on les yeux quand on éternue ?

Parce que l'air sous pression accumulé dans les poumons sort de notre nez à plus de 150 km/h !

pourquoi a-t-on le hoquet ?

Le hoquet survient souvent quand on mange ou que l'on boit trop vite, ou au cours d'un fou rire. Comme on respire mal, le diaphragme a des spasmes, c'est-à-dire des contractions rapides et répétées qui chassent l'air hors des poumons ; c'est le fait d'inspirer, alors que l'air s'échappe par saccades des poumons, qui provoque le fameux "hic !" du hoquet.

pourquoi fait-on peur aux gens qui ont le hoquet ?

Une peur soudaine surprend le muscle de la respiration, qui peut se remettre à fonctionner normalement. Mais cela ne marche pas à tous les coups ! On peut aussi glisser quelque chose de froid dans le dos de celui qui hoquette.

la respiration, le diaphragme, se contracte alors et l'air sous pression accumulé dans nos poumons est projeté dans le nez pour le dégager ("Tchoum !").

INCROYABLE !

● Un homme a hoqueté 20 à 25 fois par minute durant 68 ans. Cela ne l'a pas empêché de se marier 2 fois et d'avoir 8 enfants !

La digestion et l'appareil digestif

- *Les aliments que nous mangeons sont beaucoup trop gros pour passer directement dans le sang. Or c'est le sang qui véhicule la nourriture dans toutes les parties de notre corps.*

- *La digestion permet de réduire les aliments pour qu'ils puissent passer dans notre sang. Elle permet aussi d'extraire les éléments dont notre corps a besoin et de rejeter les déchets.*

- *Gargouillis, pets, rots, vomissements et maux de ventre font partie des petits troubles de l'appareil digestif.*

Pourquoi notre estomac gargouille-t-il ?

Après leur passage dans l'estomac, les aliments, l'eau et l'air glissent dans un long tube : l'intestin grêle. Celui-ci se contracte régulièrement pour leur permettre d'avancer. En avançant, les aliments, l'eau et l'air se mélangent, d'où les glouglous. Notre estomac gargouille aussi quand il est vide depuis trop longtemps ; il se remplit alors de gaz et commence son travail habituel. Mais comme il ne brasse que du gaz ou les liquides que l'on a bus, il gargouille ou gronde.

Pourquoi pète-t-on ?

Lorsqu'on mange, on avale parfois trop d'air. Si l'oxygène est en partie absorbé par l'organisme, les gaz restants passent dans le gros intestin avec les aliments inutilisables, qui se transforment petit à petit en caca. Le caca s'entasse dans le rectum, un petit couloir au bout du gros intestin. Les gaz qu'il contient font parfois pression sur l'anus, ce qui provoque des pets.

Certains aliments, comme la choucroute, fermentent dans les intestins et provoquent la formation de gaz.

Comment appelle-t-on un pet silencieux qui sent très mauvais ?

Ce pet redoutable pour l'entourage est appelé une vesse.

Comment attrape-t-on le ver solitaire ?

Le ver solitaire s'attrape en mangeant de la viande de porc ou de bœuf mal cuite. Il ressemble à un très long macaroni et peut mesurer 10 m de long ! Il est accroché à l'intestin et on retrouve ses anneaux dans le caca. On en vient à bout très facilement grâce à certains traitements. Ouf !... Fallait le dire plus tôt !

Pourquoi rote-t-on ?

Quand on avale trop d'air ou après avoir bu une boisson gazeuse, l'estomac a tendance à gonfler. L'air remonte alors par l'œsophage, le tube qui relie la bouche à l'estomac.

Pourquoi les pets sentent-il mauvais ?

L'odeur des pets est due à l'hydrogène sulfureux, un gaz produit dans le gros intestin lors de la décomposition des aliments. Certains aliments fermentent beaucoup (haricots blancs, choucroute...) et provoquent souvent des pets.

INCROYABLE !

● Au XIXe siècle, des artistes exerçaient le métier de pétomane. Ils montaient sur scène et se forçaient à péter pour faire rire les gens. Certains étaient très renommés !

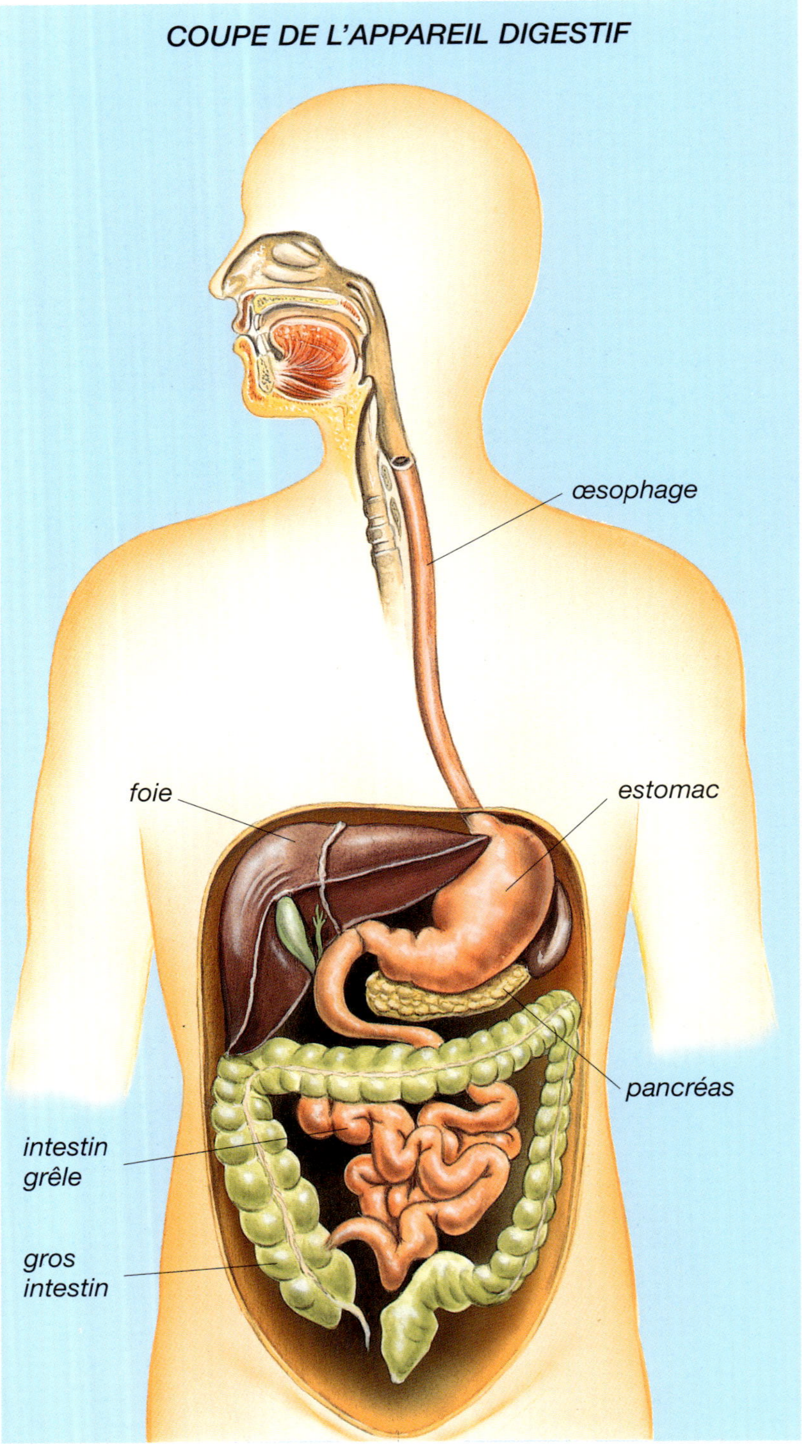

COUPE DE L'APPAREIL DIGESTIF

œsophage

foie

estomac

pancréas

intestin
grêle

gros
intestin

Pour nourrir toutes les cellules qui composent notre corps et leur fournir l'énergie nécessaire pour le maintenir en forme.

Comment digère-t-on ?

Dans l'estomac, les aliments mâchés sont brassés, puis envoyés sous forme de bouillie liquide dans l'intestin grêle, un long tube replié. Là, la bile, une substance produite par le foie, dissout les graisses. Tout ce qui est bon pour le corps passe alors dans le sang.

Comment fait-on caca ?

Les organes digestifs n'utilisent pas toute la nourriture que nous mangeons. Les déchets rejoignent le gros intestin, où l'eau qu'ils contiennent est absorbée. Ils se transforment alors en une matière semi-

solide : le caca. Au bout du gros intestin se trouve l'anus, le trou par lequel sort le caca.

Pourquoi a-t-on parfois du mal à faire caca ?

Quand on ne mange pas assez de fruits et de légumes, ou quand on ne fait pas assez d'exercice, les intestins travaillent au ralenti. Le caca séjourne trop longtemps dans le gros intestin et devient tout dur : on est constipé.

Pourquoi a-t-on mal au ventre ?

Souvent, c'est parce que l'estomac et les intestins ont du mal à faire leur travail, soit parce que l'on a trop mangé, soit parce que l'on a mangé trop vite. Certains aliments sont aussi moins faciles à digérer que d'autres. Mais le mal de ventre peut avoir d'autres causes : un microbe, par exemple.

Pourquoi vomit-on ?

Parfois, on mange trop ou les aliments que l'on mange ne sont pas assez frais. Alors, notre estomac, qui est aussi un muscle, se contracte et renvoie toute la nourriture à moitié digérée vers le haut. Cela s'appelle une indigestion. Ce que l'on nomme la crise de foie n'existe pas !

INCROYABLE !

● Ce que l'on mange peut mettre jusqu'à 5 jours pour traverser l'ensemble du tube digestif.
● Dans une vie, on rejette entre 10 et 20 t de caca !

Les reins

Notre corps produit des déchets qu'il rejette dans le sang. À la manière d'une passoire, les reins filtrent ces déchets, qui sont éliminés dans l'urine (le pipi), et renvoient dans le sang tout ce qui est bon pour le corps.

Les reins ont aussi pour rôle de maintenir constant le volume d'eau dans notre corps. L'eau dont le corps n'a pas besoin est évacuée dans le pipi.

On peut tenir 40 jours sans manger, mais à peine 6 jours sans boire !

Quand les reins ne fonctionnent plus, les déchets produits par le corps risquent d'empoisonner l'organisme. On peut enlever un rein malade, mais pas les deux !

Pourquoi a-t-on envie de faire pipi ?

Le pipi sort des reins et s'écoule dans 2 petits tuyaux, les uretères, (voir P. 32) qui débouchent dans une poche appelée la vessie. Lorsqu'elle est presque pleine, des récepteurs logés sur ses parois intérieures avertissent notre cerveau, qui déclenche l'envie de faire pipi.

Pourquoi fait-on parfois quelques gouttes de pipi quand on rit trop ?

Quand on rit, beaucoup de muscles de notre ventre se contractent par secousses. Parfois, le sphincter, muscle qui resserre le canal de l'urètre, le petit tube au bout de la vessie qui évacue le pipi, se relâche sous l'effet d'une secousse et libère un peu de pipi contenu dans la vessie. Cela est plus fréquent chez les filles, car la distance entre la vessie

et le trou par lequel s'écoule le pipi est plus courte que chez les garçons. Chez les garçons, en effet, l'urètre est plus long, car il se prolonge dans le pénis.

Pourquoi ne peut-on pas rester plus de 6 jours sans boire ?

L'eau que contient notre organisme a sans cesse besoin d'être renouvelée,

Quand la température est élevée, le corps transpire et il faut le réhydrater souvent.

Cette eau imbibe toutes nos cellules, tous nos organes, et se trouve aussi dans notre sang. Si l'on boit trop d'eau, notre sang risque de se diluer. C'est pourquoi les reins éliminent le trop-plein d'eau dans le pipi.
En revanche, si nous transpirons beaucoup, nos reins économisent l'eau de notre corps et produisent moins de pipi.

Pourquoi a-t-on soif ?

Quand nous transpirons, quand nous faisons pipi, quand nous respirons, notre corps élimine de l'eau.
La soif est un message que le cerveau nous envoie pour nous signaler que notre corps a besoin de remplacer l'eau qu'il a perdue.

sinon elle serait vite empoisonnée par les déchets produits par notre corps et nous mourrions. D'autre part, si nous arrêtions de boire, toutes les cellules qui constituent notre corps se dessécheraient. En nous vidant peu à peu de toute l'eau contenue dans notre organisme, nous perdrions plus de la moitié de notre poids, ce qui n'est pas souhaitable !

Pourquoi fait-on souvent pipi quand on boit trop ?

Notre corps est constitué d'environ 70 % d'eau.

INCROYABLE !

● On rejette entre 40 000 et 50 000 l de pipi dans une vie.
● Si l'on retire toute l'eau que contient son organisme, un homme de 75 kg ne pèse plus que 26 kg !

COUPE DE L'APPAREIL URINAIRE

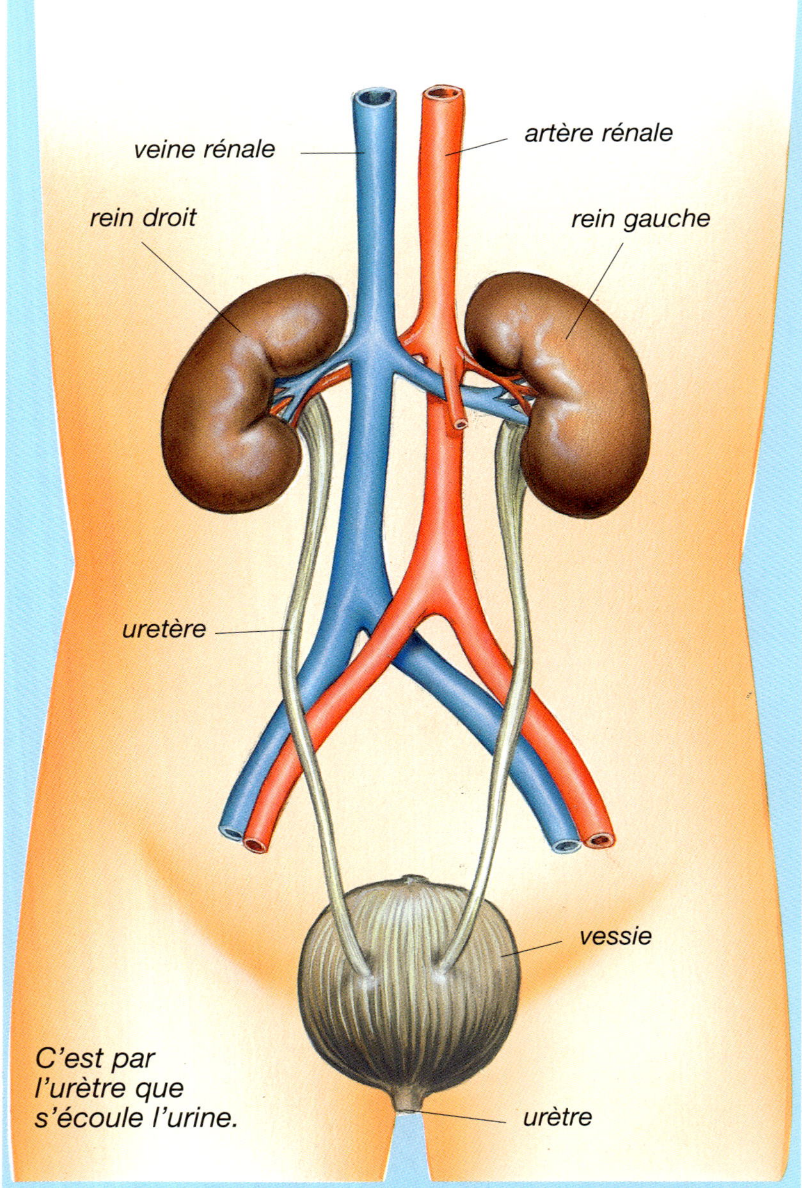

veine rénale
artère rénale
rein droit
rein gauche
uretère
vessie
urètre

C'est par l'urètre que s'écoule l'urine.

pourquoi les naufragés ne peuvent-ils pas se désaltérer avec de l'eau de mer ?

Parce qu'elle contient trop de sel. Pour l'éliminer, les reins seraient obligés d'utiliser l'eau contenue dans l'organisme. Les naufragés perdraient donc de l'eau en buvant, ce qui n'est pas le but recherché !

pourquoi cela brûle-t-il parfois quand on fait pipi ?

Quand on est une fille, que l'on va sans arrêt aux toilettes pour ne faire que quelques gouttes et que ça brûle, c'est souvent parce qu'on a une cystite : des microbes sont présents dans le pipi. On prend alors des antibiotiques pour les tuer et on boit beaucoup d'eau pour nettoyer la vessie et les conduits dans lesquels s'écoule le pipi.

Pourquoi les garçons n'ont-ils pas de cystites ?

Parce que les garçons et les filles ne sont pas faits de la même façon. Chez les filles, le petit trou par lequel s'écoule le pipi est très proche du vagin (par où sortent les bébés) et de l'anus (qui expulse le caca). Les microbes se propagent donc facilement d'un orifice à l'autre, ce qui n'est pas le cas chez les garçons.

Pourquoi faut-il boire au moins 1 l d'eau par jour ?

Pour remplacer l'eau que nous perdons chaque jour. Rien qu'en faisant pipi, nous éliminons déjà 1 l d'eau par jour ! Si l'on ajoute à cela celle que nous perdons en transpirant, celle qui est éliminée avec le caca et celle qui s'évapore par les poumons et par la peau, cela fait 2 l d'eau éliminés chaque jour par notre organisme !

Comment peut-on vivre avec un seul rein ?

Parfois, un rein est attaqué par des microbes. Il n'arrive plus à nettoyer le sang qui le traverse. Les déchets ne sont plus éliminés et restent dans l'organisme. On enlève alors le rein défectueux pour que le sang ne passe plus par lui. Le rein qui reste travaille pour deux !

Comment font les personnes dont les deux reins ne fonctionnent plus pour faire pipi ?

Quand les deux reins sont malades, un appareil nettoie le sang à leur place plusieurs fois par semaine. Le sang, prélevé dans une artère du bras, rejoint l'appareil, qui filtre les impuretés avant de le renvoyer dans l'organisme. Les déchets restent dans l'appareil, ils ne sont plus éliminés sous forme de pipi.

INCROYABLE !

• Autrefois, les médecins n'hésitaient pas à tremper le doigt dans le pipi de leurs patients pour le goûter. Si le pipi était sucré, c'est que le patient avait du diabète.

Les dents

- *Les dents sont les éléments les plus durs de notre corps. En mastiquant les aliments, elles facilitent leur digestion.*

- *Les enfants ont 20 dents de lait. Elles apparaissent vers l'âge de 5 à 6 mois et tombent entre 6 et 12 ans.*

- *Les adultes possèdent entre 28 et 32 dents : 8 incisives, 4 canines, 8 prémolaires et 12 molaires. Au nombre de 4, les dents de sagesse ne sortent pas toujours.*

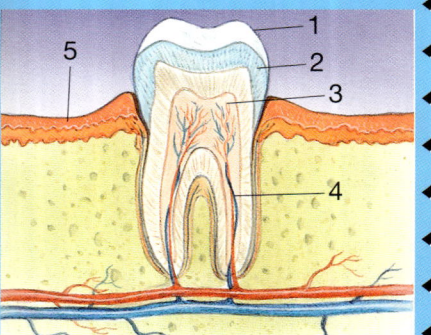

1. l'émail - 2. la dentine - 3. la pulpe - 4. vaisseaux et nerfs - 5. gencive.

Pourquoi certaines personnes ont-elles les dents jaunes et d'autres les dents très blanches ?

On ignore à quoi cela est dû. Ce que l'on sait, en revanche, c'est que cela n'a rien à voir avec la santé des dents. Certaines personnes ont des dents jaunes très saines et d'autres des dents blanches en mauvais état.

Mais les dents les plus blanches peuvent devenir jaunes si l'on fume comme un pompier ! Et, en plus, on a une haleine de coyote !

Pourquoi les dents ont-elles des formes différentes ?

Parce qu'elles jouent chacune un rôle différent dans la mastication. Avec leur bord aiguisé, les incisives coupent les aliments. Les canines pointues les déchiquettent. Les molaires et les prémolaires, larges et plates, les broient.

Pourquoi perd-on ses dents de lait ?

Parce que les dents définitives, qui se trouvent juste en dessous, les poussent pour pouvoir sortir.

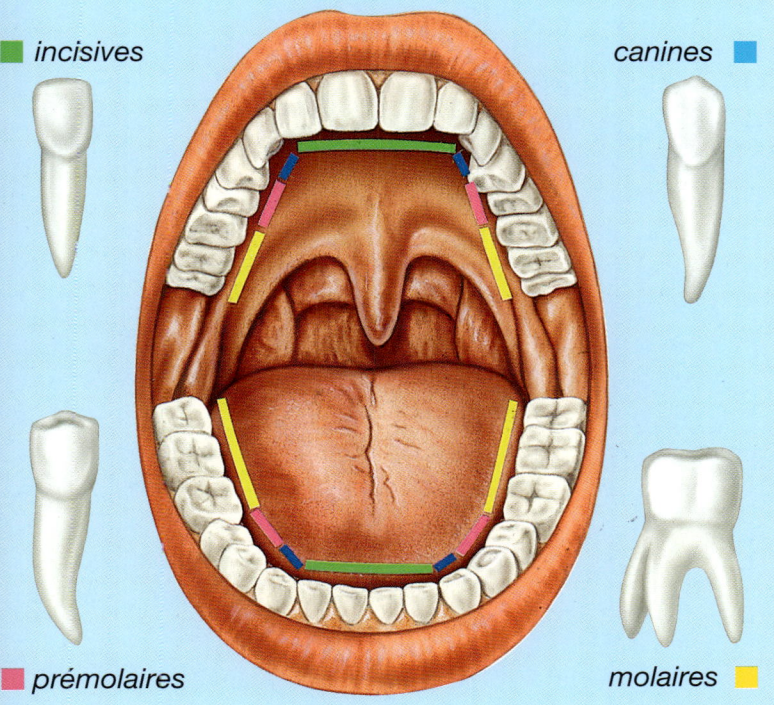

incisives

canines

prémolaires

molaires

pourquoi y a-t-il souvent un petit espace entre les dents de lait ?

Cela veut dire que les dents définitives seront plus grandes et que leur place est déjà réservée.

pourquoi les dents sont-elles si dures ?

Parce qu'elles sont recouvertes d'émail, la matière la plus dure du monde après le diamant ! L'émail les protège des chocs, du froid, du chaud et de l'usure. En effet, nos dents doivent être suffisamment solides pour durer toute une vie.

Comment les dents tiennent-elles ?

Grâce à leurs racines, implantées dans la mâchoire et maintenues en place par une substance dure : le cément. Les incisives et les canines ne possèdent qu'une seule racine ; les molaires, trois ; et les prémolaires, deux.

pourquoi nomme-t-on les premières dents, dents de lait ?

Parce qu'elles commencent à pousser quand on est nourrisson, c'est-à-dire quand on se nourrit encore exclusivement de lait.

INCROYABLE !

● Généralement, les bébés naissent sans dents. Ce n'est pas le cas du roi Louis XIV, qui naquit avec 2 dents. Plus récemment, en 1990, un bébé anglais est né avec 12 dents.

Pourquoi les dents de sagesse s'appellent-elles ainsi ?

Parce qu'elles percent généralement la gencive à l'âge adulte, quand on est supposé être sage.

Pourquoi a-t-on des dents de sagesse ?

Au temps des cavernes, nous nous servions beaucoup plus de nos dents car les aliments, comme la viande crue, étaient durs à mâcher. Depuis, notre alimentation s'est modifiée

et nos mâchoires se sont réduites. Les dents de sagesse ne sont plus utiles.

Pourquoi a-t-on des caries ?

Après chaque repas, des débris alimentaires restent sur nos dents. Si on ne les brosse pas régulièrement, ces débris s'accumulent et attirent une foule de microbes qui les transforment en acide.

L'acide attaque l'émail des dents et creuse des petits trous : les caries.

Pourquoi les enfants ont-ils plus de caries que les adultes ?

Parce que leurs dents définitives ne sont pas encore aussi dures que celles des adultes et résistent donc moins bien à l'attaque des acides. Les dents de lait sont aussi sujettes aux caries car elles renferment beaucoup plus de pulpe qu'une dent définitive et peuvent donc être attaquées très facilement.

Pourquoi la carie fait-elle si mal ?

Une carie commence par creuser l'émail de la dent, puis l'ivoire situé juste en dessous. Quand elle attaque la pulpe au cœur de la dent, on ressent de vives douleurs car la pulpe abrite des vaisseaux sanguins et surtout des nerfs qui la rendent très sensible.

Chez les carnivores, les animaux qui mangent de la viande, les canines sont très développées.

et les soigner avant qu'elles n'attaquent la pulpe et deviennent douloureuses. Il peut aussi retirer régulièrement le tartre, dû à la salive, qui se dépose sur nos dents et peut les faire tomber.

Comment soignait-on les dents autrefois ?

Il n'y avait pas de dentistes. On allait voir l'arracheur de dents. Il travaillait dans les foires, sous l'œil des curieux, et était toujours accompagné d'un ou deux musiciens qui jouaient pour couvrir les cris des patients.

Pourquoi porte-t-on un appareil dentaire ?

Quand les dents sont mal alignées, qu'elles se chevauchent ou sont trop écartées, le port d'un appareil permet de les redresser. C'est très important, car des dents mal alignées peuvent nous empêcher de bien mâcher ou de prononcer certains mots correctement.

Pourquoi le sucre est-il mauvais pour les dents ?

Parce qu'à son contact les microbes produisent encore plus d'acides qu'avec d'autres aliments.

Pourquoi faut-il aller régulièrement chez le dentiste ?

Parce qu'il peut détecter les caries dès leur apparition

INCROYABLE !

● Aujourd'hui, on se fait tatouer les dents pour être à la mode. Dans un souci d'élégance, certaines tribus du Népal liment leurs dents pour leur donner une forme triangulaire.

La voix et la parole

- *Grâce à notre voix, nous pouvons chanter, rire et parler.*

- *La voix est produite au fond de la gorge, dans le larynx, un conduit en travers duquel sont tendus 2 rideaux musculaires : les cordes vocales. Lorsque nous parlons, nous rejetons de l'air. Celui-ci s'engouffre dans le larynx et fait vibrer les cordes vocales, ce qui produit des sons.*

- *On peut sentir vibrer nos cordes vocales en posant un doigt sur la gorge tout en parlant.*

- *Pour parler, nous faisons sortir de l'air de notre bouche. Plus on élève la voix, plus l'air est expulsé avec force.*

pourquoi avons-nous tous des voix différentes ?

Parce que chacun de nous est unique ! Déjà, nous n'avons pas tous la même personnalité ; or elle donne du caractère à notre voix. Ensuite, les cordes vocales et les cavités de résonance qui confèrent à notre voix une sonorité particulière (le larynx qui véhicule le son, la gorge, les fosses nasales) présentent des différences d'une personne à l'autre.

comment fait-on pour parler ?

Ce sont notre langue et nos lèvres qui nous permettent de transformer en paroles les sons produits dans notre gorge. Pour nous rendre compte à quel point cela est vrai, tirons la langue et posons un doigt dessus. Maintenant, prononçons le mot "tapis". Cela est impossible, car la langue ne peut pas prendre appui sur le palais et les lèvres ne peuvent pas se rejoindre pour prononcer et articuler correctement le mot !

pourquoi les hommes ont-ils une voix plus grave que les femmes ?

Parce que le larynx, le tuyau qui véhicule notre souffle quand nous parlons et qui fait office de caisse de résonance, est beaucoup plus large chez les hommes. Par conséquent, les cordes vocales qui le traversent sont plus longues. Ce qui contribue à produire une voix grave.

comment chuchote-t-on ?

Pour chuchoter, nous n'utilisons pas nos cordes vocales, car nous n'avons pas besoin de son. Nos

le rendre plus large ou plus étroit, plus long ou plus court, ce qui produit des sons différents.

pourquoi certaines chanteuses d'opéra arrivent-elles à briser un verre avec leur voix ?

Les vibrations de la voix, si aiguës soient-elles, n'ont jamais réussi à casser un verre, n'en déplaise à la Castafiore !

lèvres et notre langue transforment tout simplement notre souffle en paroles.

par des muscles. En se contractant ou en se dilatant, les muscles du larynx peuvent le déformer,

comment arrive-t-on à imiter une petite voix de souris ou une grosse voix d'ogre ?

Le larynx est un conduit souple fait de cartilages unis

INCROYABLE !

● Roy Hart a pu produire des notes plus basses que la note la plus basse de la gamme du piano.

● Barry Girard a pu chanter la note qui suit la plus aiguë de la gamme du piano.

Le cerveau et le système nerveux

Le cerveau commande tout ce que nous faisons et décidons.

Le cerveau est relié à toutes les parties du corps par des milliers de câbles, les nerfs, qui se croisent dans la moelle épinière, à l'intérieur de la colonne vertébrale.

Nos 5 sens informent le cerveau de tout ce qui se passe à l'intérieur et à l'extérieur de notre corps par l'intermédiaire des nerfs sensitifs.

Le cerveau est divisé en 2 parties, appelées hémisphères. L'hémisphère droit commande le côté gauche de notre corps et l'hémisphère gauche commande le côté droit. Chez la plupart des gens, l'hémisphère gauche est plus développé. Ils sont donc plus adroits avec leur main droite. Les gauchers, eux, ont un hémisphère droit plus développé.

Pourquoi le cerveau peut-il faire autant de choses à la fois ?

Parce qu'il est divisé en plusieurs zones spécialisées. Certaines commandent nos mouvements ou nos paroles ; d'autres recueillent nos sensations ou les analysent.

Comment le cerveau commande-t-il nos bras et nos jambes ?

En envoyant des ordres à nos muscles par l'intermédiaire des nerfs moteurs. L'ordre de courir ou de décrocher le téléphone, par exemple, se propage le long des nerfs jusqu'aux muscles intéressés, qui se contractent pour produire le mouvement désiré.

Pourquoi le cerveau est-il tout plissé ?

À la naissance, notre cerveau est beaucoup plus lisse. Petit à petit, au fil des expériences, il se développe. Le problème, c'est qu'il n'a pas assez d'espace pour s'agrandir. Alors, il devient compact pour contenir le maximum d'informations et se froisse comme du papier de soie.

Pourquoi les gens qui ont trop bu ne marchent-ils pas droit ?

Parce que les effets de l'alcool empêchent le cervelet, la partie de notre cerveau responsable des mouvements et de l'équilibre, de bien fonctionner.

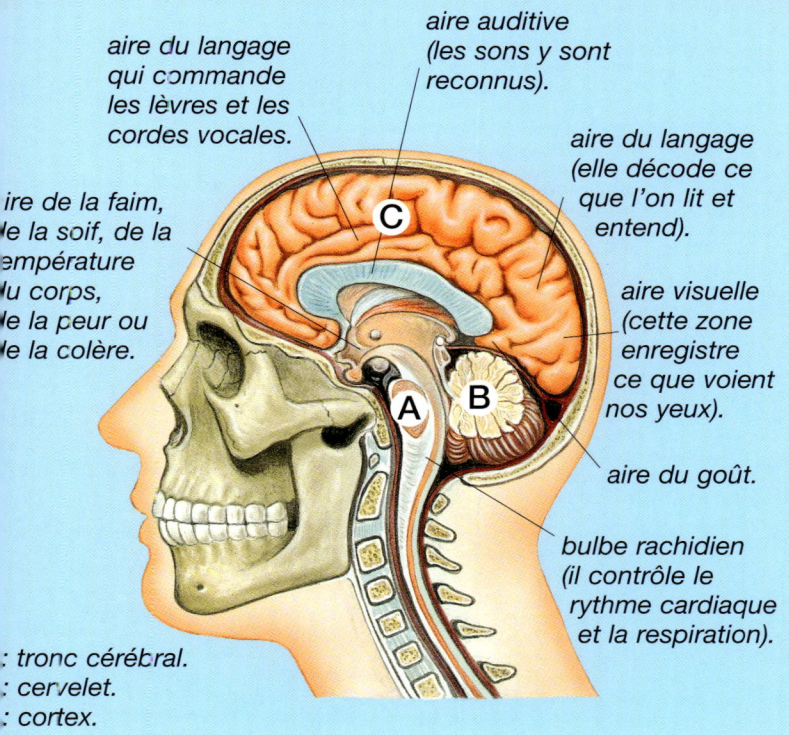

aire du langage qui commande les lèvres et les cordes vocales.

aire auditive (les sons y sont reconnus).

aire du langage (elle décode ce que l'on lit et entend).

ire de la faim, e la soif, de la empérature u corps, e la peur ou e la colère.

aire visuelle (cette zone enregistre ce que voient nos yeux).

aire du goût.

bulbe rachidien (il contrôle le rythme cardiaque et la respiration).

: tronc cérébral.
: cervelet.
: cortex.

Localisation des différentes zones du cerveau.

ᵖᵒᵘʳqᵘᵒⁱ retire-t-on immédiatement la main d'une plaque brûlante ?

C'est un réflexe : notre corps réagit dans l'urgence, sans que nous le décidions. En effet, pour gagner du temps, les nerfs sensitifs qui partent de la peau préfèrent ne pas remonter jusqu'au cerveau pour l'informer de la douleur ressentie. Dès que l'information atteint la moelle épinière, un réflexe de retrait anime alors notre main.

plus. C'est en effet par la moelle épinière que passent les messages entre le cerveau et nos membres. Quand elle est abîmée, la circulation de ces messages est empêchée : on est paralysé.

ᵖᵒᵘʳqᵘᵒⁱ certaines personnes ne peuvent-elles plus marcher ?

Parfois, en raison d'une lésion de la moelle épinière, les nerfs moteurs, sortes de câbles qui véhiculent les ordres du cerveau jusqu'aux muscles, ne fonctionnent

INCROYABLE !

● Les messages entre le cerveau et le corps parcourent les nerfs à près de 400 km/h.

pourquoi certains enfants sont-ils plus intelligents que d'autres ?

Il semblerait qu'à la naissance certains enfants possèdent plus d'aptitudes que d'autres à développer leur intelligence. Mais il faut savoir qu'on ne naît pas intelligent, on le devient. L'intelligence, ça se construit ! Plus un enfant a l'occasion, dès le plus jeune âge, de développer sa curiosité et de communiquer avec les autres, plus il devient intelligent.

pourquoi certains écoliers sont-ils plus lents que d'autres ? Est-ce parce qu'ils sont moins intelligents ?

Pas du tout ! Être rapide n'est pas une preuve d'intelligence ! Chacun a son propre rythme de travail. L'important, c'est que la leçon soit comprise et les devoirs bien faits. Cela dit, il est vrai que la rapidité alliée à l'intelligence constitue un avantage, notamment pendant une interrogation écrite.

~~~~~~~~~~~~~~~~~~~~~

comment reconnaît-on un enfant surdoué ?

Aujourd'hui, les spécialistes préfèrent parler d'enfant précoce plutôt que d'enfant surdoué. Un enfant précoce est capable de faire à 6 ou 7 ans ce que la plupart des enfants ne font qu'à 13 ou 14 ans, ce qui ne signifie en aucun cas qu'il sera plus intelligent que les autres à l'âge adulte !

pourquoi représente-t-on toujours les savants ou les intelligences dites "supérieures" avec un grand crâne ?

On a en effet constaté que certains savants ont un cerveau plus lourd que la moyenne. De là à dire qu'intelligence et volume crânien sont liés, les scientifiques n'en sont pas du tout convaincus !

pourquoi emploie-t-on cette drôle d'expression : "Avoir la bosse des maths" ?

À la fin du XVIIIe siècle, certains médecins un peu fantaisistes analysaient le caractère et l'intelligence des gens en fonction des bosses de leur crâne. On avait ainsi localisé une bosse censée prouver des aptitudes pour les mathématiques : la bosse des maths.

$$3x - 2 = 2x + 4$$
$$3x - 2x = 4 + 2$$
$$x = 6$$

Les forts en maths ne sont pas plus intelligents que les autres, ils ont une autre forme d'intelligence.

pourquoi les adultes disent-ils "Fais travailler ta matière grise" quand on ne trouve pas la solution à un problème ?

Le cerveau est une masse molle dont la surface est formée d'une mince couche de matière grise appelée le cortex cérébral. C'est grâce à cette matière grise que nous réfléchissons.

pourquoi certaines personnes ont-elles la bosse des maths et d'autres pas ?

Il y a plusieurs formes d'intelligence, que nous développons tous à différents degrés : l'intelligence pratique des bricoleurs, l'intelligence des poètes et des écrivains, qui permet de se faire comprendre ou de transmettre des émotions, etc. Les personnes qui ont la bosse des maths ont développé, quant à elles, une grande intelligence logique, ce qui leur permet de tirer facilement des conclusions face à un problème de mathématique.

INCROYABLE !

Récemment, on a pu découvrir que les personnes fortes en calcul mental se servaient d'une région du cerveau que l'on n'utilise habituellement pas à cet effet.

Pourquoi oublie-t-on certaines choses très vite et en retient-on d'autres longtemps ?

Parce qu'il existe une mémoire à long terme et une autre à court terme. La mémoire à court terme permet, par exemple, de se souvenir d'une lettre à poster, mais le cerveau ne garde pas longtemps l'information. La mémoire à long terme, elle, peut conserver certaines informations toute une vie (les souvenirs). C'est le cerveau qui juge si cela est utile ou pas.

Pourquoi a-t-on parfois un mot "sur le bout de la langue" ?

On est en train de raconter quelque chose, les mots fusent et puis, soudain, c'est le trou : "Tu sais bien, cet acteur américain qui joue dans des films d'action... Mince ! Comment s'appelle-

t-il déjà ?" Rien de plus agaçant qu'un mot qui reste "sur le bout de la langue" ! Rien de grave pourtant ! Si ces petites pannes viennent de temps en temps perturber le flot de nos paroles, c'est tout simplement parce que notre cerveau retient mieux les noms et les termes employés tous les jours que ceux utilisés de temps en temps ou il y a longtemps.

Pourquoi certaines personnes perdent-elles la mémoire ?

Comme les muscles, la mémoire s'entretient. Plus on la fait travailler, plus elle est

performante. À l'âge de la retraite, certaines personnes âgées perdent la mémoire parce que leur cerveau n'est plus aussi sollicité qu'avant. Certaines informations qu'il avait emmagasinées ne sont plus utilisées et s'effacent. Il arrive aussi que des personnes perdent la mémoire à la suite de lésions du cerveau et ne reconnaissent plus leurs proches.

Comment font les bébés dont les deux parents ne parlent pas la même langue pour apprendre deux langues à la fois ?

Il est bien plus facile d'apprendre deux langues dès la naissance, car elles sont enregistrées dans la même zone du cerveau : l'apprentissage est naturel. Lorsque nous apprenons une deuxième langue à l'école, elle est enregistrée dans

Chez certains enfants, l'utilisation prolongée des jeux vidéo peut être dangereuse.

pourquoi ne faut-il pas abuser des jeux vidéo ?

Parce que les flashs de lumière produits par le déferlement d'images peuvent entraîner une activité anormale d'une région du cerveau qui provoque des crises d'épilepsie : l'enfant pousse un cri, perd connaissance et tombe ; son corps se raidit puis est pris de violentes secousses. Une crise d'épilepsie peut être mortelle.

une zone différente de celle de la langue maternelle : c'est un apprentissage forcé.

pourquoi a-t-on le vertige ?

Le vertige, ou peur du vide, nous saisit dès que nous nous trouvons au bord d'une falaise, ou que nous traversons un pont de bois aux planches espacées... Certaines personnes ne peuvent plus bouger, d'autres ont mal aux jambes, se sentent attirées par le vide ou sont prises de sueurs froides. Le vertige, en fait, est une phobie (une peur mêlée d'angoisse) qui serait héréditaire.

INCROYABLE !

● La mémoire, ça se travaille. À force d'apprendre des pages et des pages de textes et de musique, certains chanteurs d'opéra sont capables d'en retenir plus de 100 000.

Les oreilles

- *L'ouïe est le sens qui nous permet d'entendre les sons.*

- *Au cœur de notre oreille se trouve un nerf, le nerf auditif, qui transmet les sons que nous entendons au cerveau afin que celui-ci les analyse et les différencie.*

- *Les oreilles nous permettent aussi de garder notre équilibre grâce à des récepteurs qui renseignent le cerveau sur la position de notre corps.*

- *Nez, gorge et oreilles communiquent entre eux. On peut avoir une infection à l'oreille à cause d'un rhume ou d'une angine. D'ailleurs, quand on a mal à l'un de ces organes, on va consulter un oto-rhino-laryngologiste (un ORL), qui soigne les trois.*

pourquoi les oreilles ont-elles cette drôle de forme de coquillage ?

Cette forme leur permet de mieux capter les sons et de les diriger vers l'intérieur de l'oreille, afin qu'ils puissent être analysés par le cerveau.

pourquoi beaucoup d'animaux entendent-ils mieux que nous ?

Parce que leurs oreilles sont souvent plus grandes et qu'ils sont capables de les orienter dans différentes directions pour mieux capter les sons.

pourquoi est-ce que l'on entend mieux les sons quand on met les mains derrière les oreilles ?

Parce qu'en plaçant nos mains derrière les oreilles, on recueille encore plus de son : il se disperse moins.

pourquoi certaines personnes arrivent-elles à remuer leurs oreilles ?

Il y a très longtemps, durant la préhistoire, les muscles de nos oreilles nous permettaient de les orienter dans tous les sens pour mieux déterminer d'où venaient les bruits. C'était

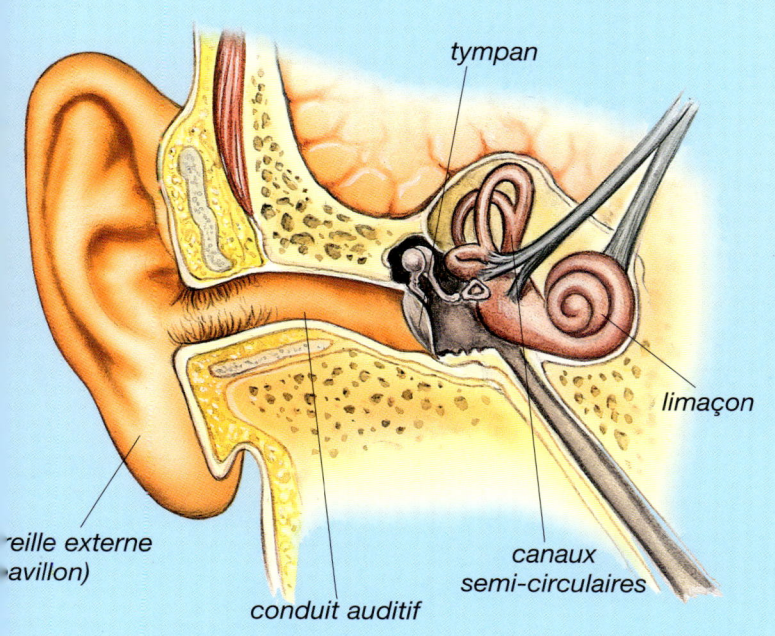

tympan

limaçon

canaux semi-circulaires

conduit auditif

reille externe avillon)

pourquoi, sur un quai de métro, n'arrive-t-on pas trop à savoir d'où vient la rame que l'on entend ?

Parce que les murs de la station renvoient les sons, qui se propagent dans toutes les directions. Ils parviennent donc en même temps à nos oreilles droite et gauche, ce qui fait que l'on ne sait plus de quel côté arrive la rame.

une façon de nous protéger contre tous les dangers qui nous menaçaient. Aujourd'hui, cela ne nous sert plus vraiment à grand-chose et les muscles de nos oreilles se sont atrophiés (ils ont diminué). Cependant, certaines personnes ont conservé cette mobilité des temps préhistoriques.

comment devine-t-on d'où vient un son ?

Un son qui vient de la droite est d'abord perçu par l'oreille droite, puis par l'oreille gauche. Un son qui vient de la gauche est d'abord perçu

par l'oreille gauche, puis par l'oreille droite. C'est ainsi que nous avons besoin de nos deux oreilles pour déterminer d'où vient un bruit. Si l'une d'elles est bouchée, cela est beaucoup plus difficile.

INCROYABLE !

● Les bruits sont des mouvements de l'air, appelés aussi "vibrations". Quand ils franchissent l'oreille, ils sont amplifiés plus de 20 fois.

pourquoi a-t-on la tête qui tourne quand on fait la toupie ?

À l'intérieur de chaque oreille se trouvent 3 petits canaux remplis de liquide. Ce liquide nous sert à garder notre équilibre. Quand on fait la toupie, il s'agite, ce qui permet aux nerfs d'avertir le cerveau que l'on tourne. Mais quand on s'arrête de tourner, le liquide continue de remuer quelques secondes. C'est pourquoi on a le tournis.

comment font les danseurs pour ne pas avoir le tournis ?

Ils tournent la tête d'un seul coup et s'efforcent, à chaque tour effectué, de fixer toujours le même point dans le décor. Ainsi, le liquide au fond des oreilles ne se déplace qu'une seule fois au lieu de remuer sans arrêt.

pourquoi a-t-on le mal de mer ou des transports ?

Quand la mer est agitée, les organes de l'équilibre situés à l'intérieur de notre oreille envoient un message au cerveau par l'intermédiaire du nerf auditif, pour le prévenir du mouvement des vagues et de la position de notre corps. Si, dans le même temps, nos yeux ne suivent pas ce mouvement, nous sommes pris de

vertiges et nous nous sentons mal. En effet, le cerveau est un peu perdu quand les informations qui lui parviennent des yeux et des oreilles ne sont pas les mêmes. Cela se produit aussi en voiture, quand il y a beaucoup de virages et que nous ne regardons pas la route.

comment ne pas être malade en voiture ou en mer ?

En voiture, il faut éviter de pencher la tête en avant, et donc de lire. Mieux vaut

regarder devant soi, en écoutant la radio, ou en discutant. Dans les virages, il est conseillé d'imiter les mouvements du conducteur. En effet, le corps des passagers part toujours dans la direction opposée au virage. En mer, il vaut mieux regarder les points fixes : la côte, l'horizon...

Ce derviche-tourneur est capable de tourner pendant très longtemps sans avoir le tournis.

sons. Quand on change d'altitude, l'air n'appuie plus de façon identique des deux côtés du tympan. Celui-ci se déforme et véhicule moins bien les sons ; d'où la sensation d'avoir les oreilles bouchées.

Comment éviter d'avoir les oreilles bouchées ?

En avalant sa salive ou en bâillant, car cela rééquilibre la pression de l'air des deux côtés du tympan.

oreille se trouve une membrane très fine, tendue comme la peau d'un tambour : le tympan. L'air exerce une pression identique de part et d'autre du tympan, ce qui lui permet de bien vibrer au passage des ondes sonores et de véhiculer correctement les

Pourquoi, parfois, en voiture ou dans un ascenseur, nos oreilles se bouchent-elles ?

Cela est dû à un changement d'altitude. Au fond de chaque

INCROYABLE !

Quand nos oreilles ne fonctionnent plus, nous pouvons entendre le son d'un diapason placé entre nos dents. Grâce à cette méthode Beethoven, qui était sourd, a pu écrire la 9e Symphonie.

pourquoi a-t-on du cérumen dans les oreilles ?

Cette cire que fabriquent nos oreilles est très utile, car elle retient les saletés, sources d'infection.

pourquoi a-t-on très mal à l'oreille quand on souffre d'une otite ?

L'otite est une infection de l'oreille par des microbes. Quand ils atteignent le tympan sous forme de pus, ils appuient dessus, ce qui est très douloureux.

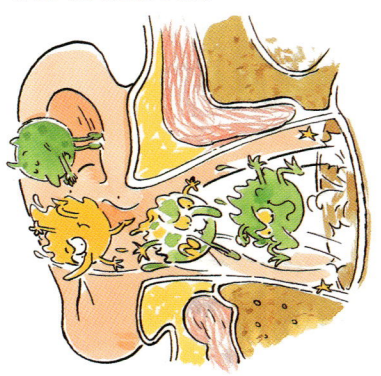

pourquoi pose-t-on parfois un "Yo-yo" dans l'oreille des enfants qui ont une otite ?

Quand un enfant a souvent des otites, on pose un "Yo-yo" à l'intérieur de son oreille. Le "Yo-yo" est un tuyau minuscule qui permet à l'air de circuler dans l'oreille et empêche le pus de

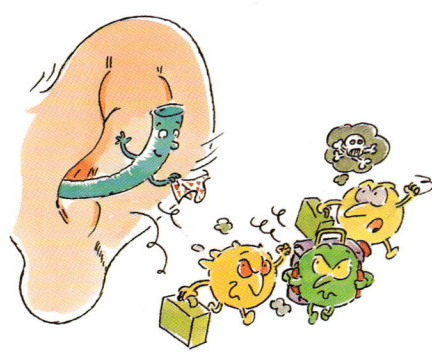

s'accumuler, car les microbes prolifèrent moins dans un milieu sec.

pourquoi ne faut-il pas écouter la musique trop fort ?

Parce que des bruits trop intenses peuvent endommager certains organes de notre oreille : le tympan, par exemple, qui véhicule les sons, ou les nerfs qui transmettent les sons au cerveau. On peut devenir sourd, de façon temporaire ou permanente.

Comment reconnaît-on un son dangereux ?

À partir du moment où l'on est obligé de parler fort ou de crier pour suivre une conversation, c'est que le niveau sonore est dangereux. Cependant, des sons moins intenses, mais continus, peuvent devenir tout aussi dangereux pour nos oreilles, fatiguer notre cerveau et nous rendre extrêmement nerveux. Même avec un baladeur bien réglé, il ne faut pas écouter de la musique plus de 2 heures d'affilée !

pourquoi certaines personnes naissent-elles sourdes ?

Le plus souvent, c'est héréditaire, c'est-à-dire

exemple), des actions (manger...), des émotions (être gai ou triste...), etc. Aujourd'hui, on utilise certaines méthodes pour apprendre aux sourds à parler afin qu'ils puissent mieux s'intégrer dans la société et communiquer avec les gens qui entendent. Mais ce n'est pas du tout évident, car il est difficile de prononcer un mot correctement quand on ne s'entend pas parler.

que la surdité se transmet de parents à enfant. C'est ce que l'on appelle une surdité congénitale. Souvent, c'est parce que le nerf auditif, chargé de transmettre les sons au cerveau, ne s'est pas développé.

Pourquoi les sourds ne peuvent-ils pas parler ?

Parce qu'on apprend à parler en écoutant les autres, et comme les sourds n'entendent pas, ils ne parlent pas, mais si on les éduque, ils arrivent à parler.

Comment font les sourds pour communiquer ?

Ils ont appris à lire sur les lèvres des gens et s'expriment par gestes. Dans les pays où l'on parle anglais, chaque position des doigts de la main correspond à une lettre de l'alphabet. En France, les gestes miment des objets (une maison, par

INCROYABLE !

● L'unité de mesure du son est le décibel. La voix humaine a une intensité de 50 décibels. Un bruit dépassant 190 décibels, peut entraîner la mort par excès de pression sur le tympan.

Les yeux et la vue

Les yeux sont 2 petits globes bien à l'abri dans des cavités, les orbites. Leur partie visible est protégée par une membrane transparente, la cornée.

Les yeux captent des images. Elles sont transformées en signaux électriques qui parcourent le nerf optique jusqu'au cerveau à plus de 400 km/h ! Le cerveau analyse les informations en provenance de chaque œil et les assemble pour nous renvoyer une image en relief, en couleur et en mouvement.

Des muscles permettent aux yeux de bouger rapidement et dans tous les sens.

pourquoi ne voit-on pas dans le noir ?

Parce que nos yeux ont besoin de lumière pour voir. Lorsqu'ils sont éclairés (par le soleil, par une lampe ou même par la lune), les objets nous renvoient la lumière qu'ils reçoivent. Mais, dans le noir complet, ils ne réfléchissent aucune lumière, alors, aïe !... on se cogne partout !

Comment nos yeux distinguent-ils les couleurs ?

Au fond de chaque œil, des récepteurs sensibles à la lumière vive et aux couleurs captent les images ; on les appelle les cônes. Il existe 3 types de cônes : ceux qui sont sensibles au rouge, au vert et au bleu. En se combinant, ils nous permettent de distinguer toutes les couleurs.

pourquoi ne perçoit-on plus les couleurs dans la pénombre ?

Parce que les cônes, ces récepteurs de l'œil qui nous permettent d'apprécier les couleurs, perdent leur efficacité dans la pénombre. D'autres récepteurs, qui captent les faibles quantités de lumière, prennent alors le relais et nous renvoient une image grise. On les appelle les bâtonnets.

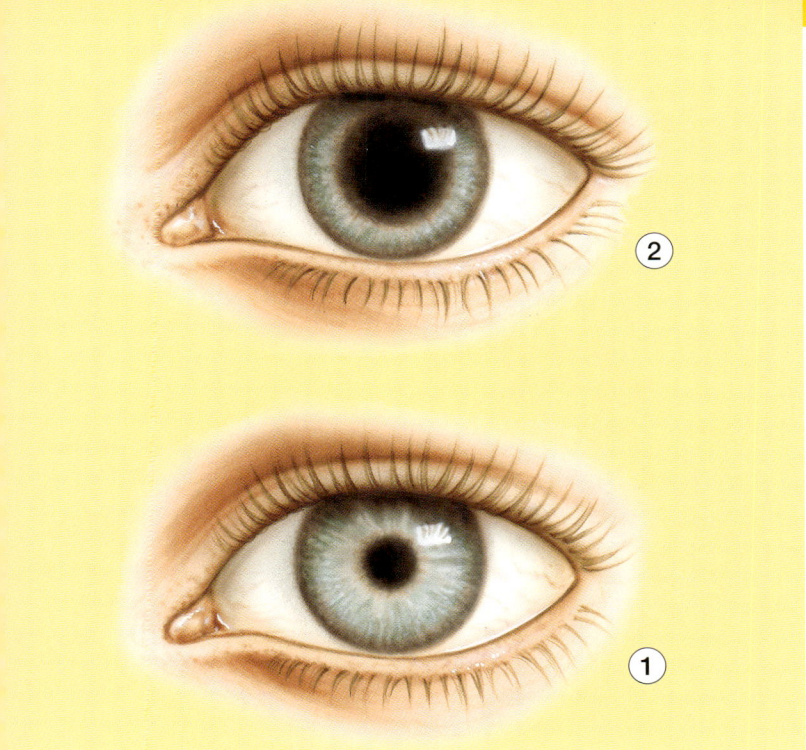

(2)

(1)

Pourquoi, dans l'obscurité, distingue-t-on mieux les choses au bout de quelques minutes ?

Parce que nos yeux s'habituent progressivement à l'obscurité. Petit à petit, la pupille s'agrandit pour laisser passer plus de lumière et on y voit mieux.

Pourquoi le petit rond noir au milieu de l'œil est-il parfois très grand et parfois minuscule ?

C'est par ce petit rond noir, appelé pupille, que la lumière pénètre dans notre œil. La pupille est entourée d'un anneau de muscles : l'iris (la partie colorée de l'œil). Quand la pupille devient toute petite (1), c'est qu'il fait très clair ; l'iris se dilate pour la recouvrir au maximum et empêcher la lumière d'endommager les cellules sensibles de l'œil. Quand elle s'élargit (2), c'est qu'il fait sombre ; l'iris se contracte pour bien la dégager et lui permettre de capter plus de lumière.

Pourquoi voit-on aussi bien de près que de loin ?

C'est grâce au cristallin, une lentille située derrière la pupille et responsable de la mise au point des images.

INCROYABLE !

● Certaines personnes présentent des troubles de la vision des couleurs. Les daltoniens confondent le rouge et le vert. Les achromatopsiques voient la vie en noir et blanc.

53

Pourquoi porte-t-on des lunettes ?

Les lunettes servent à rectifier certains défauts de la vue : quand on voit mal de loin (myopie), de près (hypermétropie, presbytie), ou encore quand les objets semblent déformés (astigmatisme). Les verres des lunettes sont plus ou moins épais et permettent à l'œil de mieux s'ajuster à ce qu'il regarde, afin de capter des images nettes.

Pourquoi certaines personnes louchent-elles ?

Cela est souvent dû à un problème de musculature d'un œil, qui le fait dévier vers la droite ou vers la gauche, ou à un défaut d'accommodation des yeux : ils n'arrivent pas à fixer un point particulier sans loucher.

Pourquoi dit-on "myope comme une taupe" ?

Les taupes vivent sous terre la plupart du temps et se servent peu de leurs yeux,

ce qui fait qu'elles ont une très mauvaise vue. Elles ne voient pas "plus loin que le bout de leur nez", c'est pourquoi on dit qu'elles sont myopes.

Pourquoi voit-on double quand on se force à loucher ?

Quand on se force à loucher, on accentue la différence entre les deux images transmises par les yeux au cerveau ; perplexe, ce dernier a du mal à s'accommoder et à superposer les deux images pour n'en faire qu'une. Si l'on attendait quelques jours ainsi, on ne verrait plus double.

Pourquoi est-on aveugle ?

Certaines personnes naissent aveugles parce que leurs yeux ont subi une maladie pendant la grossesse ou parce que le nerf optique qui transmet les images au cerveau ne s'est pas développé. D'autres perdent la vue pour diverses raisons : déchirure de la cornée (la membrane transparente qui protège l'avant de l'œil), traumatisme crânien qui endommage l'aire visuelle du cerveau (l'endroit du cerveau où sont traitées les images)... Même une carie dentaire que l'on a laissée s'aggraver peut nous rendre aveugle en endommageant le nerf optique !

dans la rue et d'y faire attention (de veiller par exemple à ne pas la bousculer en la croisant).

Comment corrige-t-on le strabisme (c'est quand on louche) ?

Par le port de lunettes et des exercices qui corrigent le déséquilibre entre les deux yeux. On peut aussi opérer les yeux.

Comment font les aveugles pour lire avec leurs doigts ?

Ils touchent des signes en relief formés de petits points. Chaque signe correspond à une lettre de l'alphabet. L'écriture en relief s'appelle le braille.

Pourquoi les aveugles ont-ils une canne blanche ?

Quand ils se déplacent, ils la font bouger devant eux pour repérer les obstacles, les marches d'escalier, les trottoirs, etc. La couleur de la canne est un signe qui permet aux voyants de reconnaître une personne aveugle

INCROYABLE !

● Au XVIIIe siècle, en Europe, on portait des besicles (lunettes rondes de l'époque) non seulement pour corriger la vue mais aussi pour avoir l'air noble.

Pourquoi a-t-on parfois les yeux collés quand on se lève le matin?

Quand on a les yeux rouges comme un lapin, qu'ils sont collés au réveil, qu'ils coulent dans la journée et qu'en plus on a l'impression d'avoir des grains de sable sous les paupières, on a sûrement une conjonctivite. Cette infection de la cornée (la membrane transparente qui protège la partie visible de l'œil) est due à un microbe qui a élu domicile dans l'œil. Pour anéantir l'intrus, une seule arme : des gouttes dans les yeux !

Comment un chien d'aveugle aide-t-il son maître ?

Il sait s'arrêter au bord des trottoirs, rechercher les passages pour piétons avant de traverser, repérer des obstacles et les contourner, etc.

Pourquoi n'a-t-on pas tous la même couleur d'yeux ?

Quand nos parents nous donnent la vie, ils nous transmettent leurs gènes, des éléments responsables de nombreux caractères, comme la forme du nez ou de l'oreille, le groupe sanguin, ou encore la couleur des yeux. Ce sont de petites cellules pigmentées à l'intérieur de l'iris qui donnent leur couleur aux yeux. Plus elles sont nombreuses, plus l'œil est foncé. Moins elles sont nombreuses, plus l'œil est clair.

Pourquoi certaines personnes ont-elles des yeux de couleurs différentes ?

Les yeux de couleurs différentes s'appellent des yeux vairons. On ignore à quoi est due cette anomalie.

Pourquoi, dans un train à l'arrêt, a-t-on parfois l'impression de partir alors que c'est le train d'à côté qui s'en va ?

C'est ce que l'on appelle une illusion d'optique. Notre cerveau se trompe en analysant les informations que lui envoient les yeux et nous restitue une image fausse. De même, notre cerveau est induit en erreur

par les dessins en trompe-l'œil peints sur les façades d'immeuble et il nous donne l'impression que l'on va pouvoir entrer dans l'image.

Pourquoi a-t-on des cils et des sourcils ?

Au bout des paupières, les cils font barrage aux poussières. Tous les 3 mois, ils se renouvellent entièrement.

Les chiens d'aveugle sont dressés pour permettre à leur maître de se déplacer en évitant les obstacles.

Les larmes contiennent aussi une substance qui empêche les microbes d'infecter l'œil.

Pourquoi les larmes sont-elles salées ?

Parce qu'elles contiennent une substance antimicrobienne qui est salée.

Quant aux sourcils, ils empêchent la sueur du front de couler dans les yeux et de les irriter.

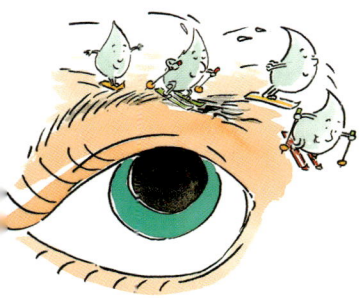

Pourquoi a-t-on des larmes ?

Les larmes ne servent pas seulement à pleurer ou à expulser une poussière ou un corps étranger de notre œil.

Elles sont fabriquées en permanence pour maintenir l'œil humide. En effet, sans cette humidité, la partie avant de l'œil perdrait sa transparence et ne capterait plus aussi bien la lumière. En clignant plus de 50 000 fois par jour, les paupières étalent bien les larmes sur toute la surface de l'œil.

INCROYABLE !

- On ne peut pas pratiquer la greffe d'un œil : il est irremplaçable. On greffe seulement la cornée, ce qui permet déjà à de nombreuses personnes de préserver leur vue.

57

Le goût et l'odorat

- La langue capte les saveurs. C'est l'organe du goût.

- Le nez capte les odeurs. C'est l'organe de l'odorat.

- Le goût et l'odorat sont très liés. Ainsi, les taste-vin, qui goûtent les vins, se servent autant de leur nez que de leur langue pour discerner les différents arômes d'un grand cru.

- Certaines personnes ont un odorat très développé qui leur permet d'exercer un métier particulier : celui de "nez". Il y a des "nez" chez les parfumeurs. Ils sont capables de reconnaître les essences des fleurs les plus subtiles pour faire des mélanges et créer un nouveau parfum.

Comment la langue capte-t-elle les goûts ?

La langue recueille les goûts sur ses papilles : les petits boutons qui recouvrent toute sa surface. Chaque papille contient de petits récepteurs appelés "bourgeons du goût".

Pourquoi ne sent-on plus le goût des aliments quand on a le nez bouché ?

Parce que la langue ne reconnaît que certaines saveurs (sucré, salé, amer, acide) ; pour le reste, elle a besoin de l'odorat. On peut faire l'expérience avec un yaourt aux fruits. Si on en goûte une cuillerée en se bouchant le nez, on est incapable de dire si le yaourt est à la fraise, à la pomme ou à la banane. On sait juste qu'il est sucré.

Pourquoi ne sent-on plus le goût des aliments quand on se brûle la langue ?

Parce que les papilles, les capteurs de goût de la langue, sont brûlées. Comme les papilles qui détectent les saveurs sucrées et salées se trouvent au bout de la langue, ce sont souvent elles les plus touchées. La plus délicieuse des mousses au chocolat, la plus succulente des pizzas, se révèlent alors extrêmement fades. Il faut attendre un jour ou deux pour que de nouvelles papilles se forment.

Les parfumeurs font appel à des "nez" pour créer de nouveaux parfums.

saveurs aigres (citron), et celles au fond de la langue identifient les goûts amers (endives).

Pourquoi n'avons-nous pas tous les mêmes goûts alimentaires ?

Miam ! Beurk ! Rares sort les aliments qui plaisent à tout le monde ! En fait, nous déterminons souvent ce qui est bon ou mauvais en fonction des goûts auxquels nous avons été habitués pendant notre enfance.

Comment la langue reconnait-elle le sucré ou le salé ?

Notre langue sait reconnaître quatre grands groupes de saveur. Les papilles situées au bout de la langue détectent les saveurs sucrées et salées. Celles qui se trouvent sur les côtés réagissent aux

Pourquoi dit-on que l'odeur d'un bon plat "met l'eau à la bouche" ?

Parce que, devant un plat qui nous fait envie, nous salivons automatiquement. Cela veut dire qu'avant même de manger notre organisme se prépare déjà à digérer ! La salive, en effet, facilite la digestion des aliments en les humidifiant.

INCROYABLE !

● Nous percevons entre 2 000 et 4 000 odeurs différentes. Les "nez" entraînés sont capables d'en distinguer plus de 10 000 !

pourquoi les enfants n'aiment-ils pas trop les goûts forts ou les plats épicés ?

Parce que les capteurs du goût contenus dans les papilles de la langue et les capteurs de l'odorat situés dans le nez sont beaucoup plus nombreux chez les enfants, ce qui les rend particulièrement sensibles aux goûts forts et aux saveurs épicées.

Chouette, enfin une bonne excuse pour ne manger que des pâtes au beurre !

pourquoi un chien sent-il plus les odeurs que nous ?

Parce qu'à l'intérieur de son museau les petits cils qui captent les odeurs couvrent jusqu'à 20 fois plus de surface que dans notre nez ! C'est pourquoi on utilise beaucoup le flair des chiens dans la police ou pour retrouver des victimes d'avalanche ou de tremblement de terre.

comment reconnaît-on une odeur mélangée à une autre ?

C'est le cerveau qui s'occupe de séparer les odeurs perçues par le nez et d'identifier chacune d'elles. Plus il est entraîné, plus cela lui est facile. Ainsi, les parfumeurs, les cuisiniers ou les fleuristes, qui sont capables d'identifier les différents composants d'un parfum, d'un plat ou d'un bouquet, n'ont pas un nez prédisposé, mais un cerveau très entraîné.

Les chiens sont utilisés pour rechercher des victimes d'avalanche ou de séisme.

comment le nez capte-t-il une odeur et la reconnaît-il ?

Les odeurs sont des particules microscopiques dégagées par les végétaux et les êtres vivants. Elles flottent dans l'air et viennent stimuler des cils récepteurs microscopiques qui se trouvent au fond de notre nez. Ces récepteurs envoient les odeurs au cerveau grâce à un nerf, afin qu'il les identifie.

couche envahit la chambre, que les frères et sœurs s'enfuient en courant, lui continue de gazouiller comme un bienheureux !

Pourquoi les personnes âgées trouvent-elles souvent la nourriture fade ?

Parce que le nombre de capteurs du goût et de l'odorat diminue considérablement avec l'âge. À 20 ans, par exemple, plus de 10 000 papilles recouvrent notre langue ; à 80 ans, elles ne sont plus que 1 500 !

Pourquoi n'aime-t-on pas l'odeur du caca ?

C'est une question d'éducation. Un nourrisson à qui l'on n'a pas encore appris que le caca est "sale", ne fait pas du tout la grimace quand sa maman le change. Et tandis que l'odeur de la

Pourquoi ce qui est chaud sent-il plus que ce qui est froid ?

Parce que la chaleur permet aux odeurs de s'échapper du corps qui les contient (un aliment, par exemple) et de se diffuser dans l'air. Ainsi, la fumée qui s'échappe d'un bol de chocolat emporte avec elle des particules odorantes qui viennent chatouiller nos narines. Le froid, lui, mobilise les odeurs et les empêche de se répandre dans l'air.

INCROYABLE !

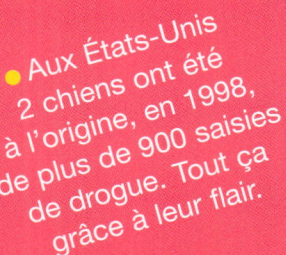

● Aux États-Unis 2 chiens ont été à l'origine, en 1998, de plus de 900 saisies de drogue. Tout ça grâce à leur flair.

La peau et le toucher

- *La peau est une enveloppe élastique et imperméable qui recouvre notre corps de la tête aux pieds et le protège contre les microbes, les chocs, le soleil... Les cellules, minuscules éléments qui la constituent, se renouvellent en permanence.*

- *La peau est l'organe du toucher. Elle abrite des millions de petits récepteurs sensibles à la douleur, aux chatouillis ou aux caresses. Ils font également la différence entre le chaud et le froid, le sec et le mouillé, le doux et le rugueux, le dur et le mou...*

pourquoi n'a-t-on pas tous la même couleur de peau ?

La coloration de la peau est due à une substance marron que l'on appelle la mélanine. Plus la peau contient de mélanine, plus elle est foncée. Moins elle en contient, plus elle est claire.

comment faire la différence entre une tache de rousseur et un grain de beauté ?

Les taches de rousseur sont de petites plaques de mélanine contenant des traces de soufre (une substance jaune), d'où leur couleur orangée.
Leur couleur s'accentue au soleil pour protéger la peau, souvent très claire. Les grains de beauté sont plus dispersés et marron foncé. Ce sont de petits défauts de la peau dus à un amas de mélanocytes (des cellules contenant un pigment noir). Certains présentent un léger relief ; il ne faut surtout pas les gratter.

pourquoi la peau est-elle toute fripée quand on reste longtemps dans le bain ?

La peau sécrète une substance grasse, le sébum, qui l'empêche de se dessécher. Quand on reste trop longtemps dans le bain, cette couche protectrice s'en va ; c'est pourquoi la peau se fripe.

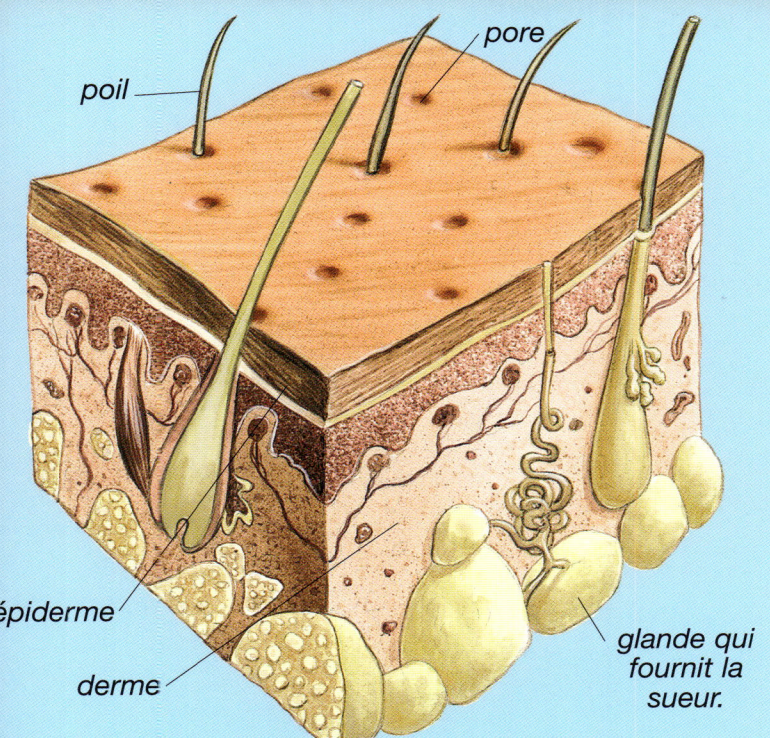

poil

pore

épiderme

derme

glande qui fournit la sueur.

des inconnus, nous restons de marbre. De même, on n'est pas plié de rire quand on se chatouille soi-même.

pourquoi a-t-on des lignes circulaires au bout des doigts ?

Ce sont nos empreintes digitales. Elles sont constituées de sillons en forme de boucle, d'arche ou de tourbillon, qui creusent la peau pour lui donner du relief et nous permettre de mieux saisir les objets.

pourquoi se tord-on de rire quand on nous chatouille ?

Certaines zones de la peau sont plus sensibles que d'autres aux guili-guili. Mais on ne rit que si les chatouillis font partie d'un jeu avec une personne familière. Des expériences ont prouvé que, chatouillés par

pourquoi la peau transpire-t-elle ?

Pour rafraîchir notre corps et le maintenir à une température constante. Quand on a chaud, en raison d'un effort physique, par exemple, la sueur s'échappe par des trous minuscules qui percent la peau (les pores) et emporte avec elle la chaleur.

INCROYABLE !

● Dans un pays très chaud, on peut perdre jusqu'à 11 l d'eau dans une journée à force de transpirer !

Pourquoi, sur le lieu d'un crime, les policiers relèvent-ils les empreintes sur certains objets ?

Parce que personne au monde n'a les mêmes empreintes, même pas les jumeaux ! On peut donc identifier un voleur ou un assassin en relevant ses empreintes sur un verre ou une poignée de porte. Élémentaire, mon cher Watson !

Pourquoi trouve-t-on l'eau du bain tiède avec la main et chaude quand on y entre tout entier ?

Parce que la peau de notre main contient moins de récepteurs sensibles au chaud et au froid que celle de notre ventre ou de nos coudes. C'est d'ailleurs pour cela que l'on conseille

aux mamans de tester l'eau du bain de leur bébé avec le coude.

Pourquoi n'arrive-t-on pas à tenir correctement un crayon et à écrire quand on a les mains glacées ?

Parce que le froid engourdit nos doigts, et par conséquent les capteurs du toucher de la peau. L'hiver, nos mains, mais aussi nos pieds, sont particulièrement sensibles à l'attaque du froid, car notre organisme détourne le sang à l'intérieur de notre corps pour le réchauffer. Moins irriguée, la peau des mains et des pieds peut perdre toute sensibilité.

Comment font les fakirs pour s'allonger sur des planches à clous sans avoir mal ?

Ces religieux indiens ont appris à dominer leur douleur. Ils pensent

qu'ainsi ils deviendront des êtres meilleurs. Cela dit, ils savent aussi que certaines parties du corps sont moins sensibles que d'autres à la douleur ! Et que le fait de se transpercer les joues avec une grande aiguille est bien moins douloureux qu'impressionnant pour nous, pauvres spectateurs émotifs.

Pourquoi a-t-on une cloque quand on se brûle ?

La peau est constituée de 2 couches principales : l'épiderme en surface et

Quand les mains ou les pieds sont engourdis par le froid, on ne sent plus rien.

pour se protéger, fabrique plus de mélanine, qui absorbe les rayons du soleil. Dans les pays où le soleil brille moins ou est souvent

le derme juste en dessous. Quand la brûlure est légère, l'épiderme rougit (c'est le cas lors du coup de soleil). Quand elle est un peu plus profonde, l'épiderme se décolle du derme et forme une cloque.

affluent vers la plaie pour colmater la blessure. Une croûte de sang solidifié se forme sous laquelle la peau se reconstitue.

caché par les nuages, les gens ont une peau plus claire, qui contient peu de mélanine.

Pourquoi a-t-on la peau plus foncée dans les pays chauds ?

Dans les pays où le soleil brille toute l'année, la peau,

Pourquoi la peau cicatrise-t-elle ?

Quand on se blesse, des cellules du sang spécialisées

INCROYABLE !

● À partir de cellules humaines, on peut aujourd'hui faire pousser de la peau en trois semaines ! On l'utilise pour traiter les grands brûlés.

65

Les poils, les cheveux et les ongles

- *La peau fabrique des poils, des cheveux et des ongles.*

- *Les poils recouvrent toute la surface de la peau, à l'exception de la paume des mains, des lèvres et de la plante des pieds.*

- *Les cheveux sont des poils plus longs et plus épais. Ils constituent un casque qui protège notre tête du soleil et du froid. Ils poussent d'environ 1 cm par mois.*

- *On perd entre 50 et 70 cheveux par jour. D'autres repoussent pour les remplacer.*

pourquoi les hommes préhistoriques étaient-ils plus poilus que nous ?

Les premiers hommes vivaient nus. Leurs poils épais et abondants les protégeaient du froid. Et puis nos ancêtres ont trouvé des abris pour se protéger, des vêtements pour se couvrir, et leurs poils sont devenus moins utiles. C'est pourquoi nous en avons beaucoup moins aujourd'hui. D'ailleurs, d'après certains biologistes, cela va continuer. Dans 100 000 ans, il se pourrait que les hommes n'aient plus aucun poil ni sur le corps ni sur le "caillou" ! Ça promet !

pourquoi y a-t-il des cheveux raides et d'autres tout frisés ?

Chaque cheveu prend naissance dans une petite poche que l'on appelle le follicule pileux. C'est la forme de cette petite poche qui détermine la nature des cheveux. Si elle est ronde et bien profonde, le cheveu pousse raide. Plus elle est aplatie et allongée, plus le cheveu pousse frisé.

pourquoi y a-t-il différentes couleurs de cheveux ?

La couleur des cheveux est une caractéristique physique que nous tenons de nos parents. Elle est due à la mélanine, une substance colorée que l'on trouve aussi dans la peau. Plus les cheveux sont foncés, plus ils contiennent de mélanine.

muscle horripilateur, se contracte et les fait se redresser. C'est ce qui donne

à la peau cet aspect hérissé qui rappelle la peau de poule.

pourquoi a-t-on des ongles ?

Pour protéger le bout de nos doigts et de nos orteils mais aussi leur assurer une bonne rigidité, ce qui, dans le cas des doigts, facilite la manipulation des objets.

bien vivante. C'est pourquoi on a mal quand on nous les tire.

pourquoi a-t-on la chair de poule ?

Quand on a froid, mais aussi quand on a peur, un petit muscle situé à la racine de chaque poil, appelé

pourquoi a-t-on mal quand on nous tire les cheveux et ne sent-on rien quand on nous les coupe ?

On ne sent rien quand on nous coupe les cheveux parce que les cellules qui les constituent meurent dès qu'ils percent la surface de la peau. En revanche, leur racine est

INCROYABLE !

● En Inde, un homme ne s'est pas coupé les ongles de la main gauche pendant 20 ans. Le plus long, l'ongle de son pouce, a atteint 1,2 m de long !

Faire un bébé

Comment fait-on les bébés ?

Pour avoir un bébé, le papa et la maman font l'amour. Ils se serrent très tendrement l'un contre l'autre, s'embrassent, se caressent. C'est un grand moment de plaisir durant lequel le papa introduit son sexe dans celui de la maman et envoie dans son ventre un liquide épais, le sperme, qui contient des millions de spermatozoïdes. Si l'un d'eux parvient à féconder l'ovule, la petite graine de vie de la maman, c'est-à-dire à traverser sa membrane pour se mélanger avec lui, un petit œuf se forme, qui est en fait une cellule unique. Au bout de 24 heures, cette cellule va se diviser en 2, puis en 4, puis en 8, puis en 16... jusqu'à former un embryon, ébauche du futur bébé.

Comment naît-on fille ou garçon ?

Un spermatozoïde et un ovule renferment chacun 23 éléments que l'on appelle des chromosomes. L'ovule de la femme contient des chromosomes appelés chromosomes X. Le spermatozoïde de l'homme contient 2 types de chromosomes : X et Y. Quand un ovule est fécondé par un spermatozoïde, leurs chromosomes s'associent et

forment 23 paires. C'est l'une de ces paires qui détermine le sexe de l'enfant. Si elle est formée de 2 chromosomes X, l'enfant sera une fille. Si elle est formée d'un chromosome X et d'un chromosome Y, l'enfant sera un garçon.

Pourquoi y a-t-il des jumeaux ?

Quand un ovule est fécondé, il se forme un œuf. Parfois, aussitôt formé, cet œuf se

- Les hommes et les femmes produisent des cellules sexuelles qui leur permettent de faire des bébés.

- Chez l'homme, les cellules de la reproduction s'appellent les spermatozoïdes. Chez la femme, les cellules de la reproduction s'appellent les ovules.

- Chaque mois, les ovaires, de petits organes situés dans le ventre de la femme, libèrent un ovule qui attend d'être fécondé par un spermatozoïde. Quand la rencontre a lieu, une nouvelle vie prend forme.

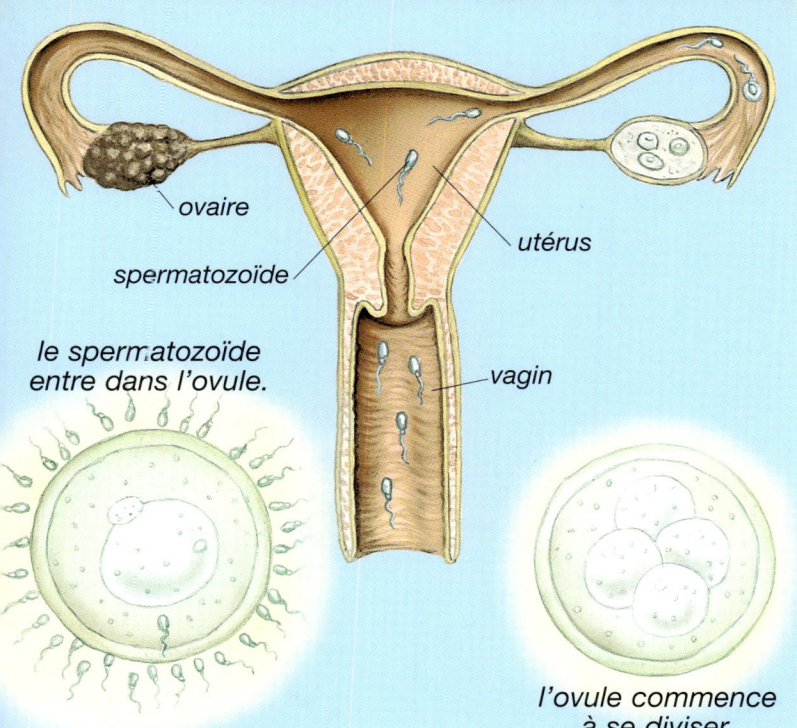

ovaire

spermatozoïde

utérus

le spermatozoïde entre dans l'ovule.

vagin

l'ovule commence à se diviser.

Les ovaires contiennent en réserve plus de 300 000 ovules. Chaque mois, un ovule sort d'un des ovaires.

continue : 2 tunnels, les trompes, s'ouvrent devant eux, mais seul l'un d'eux mène à l'ovule. Dur dilemme pour nos candidats !
Sur 200 à 300 millions de spermatozoïdes au départ, seuls quelques centaines parviennent jusqu'à l'ovule ! Dans un ultime effort, ils s'unissent alors pour attaquer sa membrane jusqu'à ce que, ouf ! quelques chanceux parviennent à la traverser.

L'ovule s'unit alors avec l'un d'eux et, ne sachant que faire des autres, les digère !

divise en 2 parties distinctes : la maman a des jumeaux. On les appelle de vrais jumeaux, car ils ont le même sexe et se ressemblent

énormément. Il arrive aussi que 2 ovules soient fécondés en même temps. La maman a alors de faux jumeaux. Ils peuvent être de sexe différent et ne se ressemblent pas forcément.

pourquoi faut-il des millions de spermatozoïdes pour féconder un seul ovule ?

Déjà, beaucoup se perdent en route. D'autres tentent l'ascension du col de l'utérus, qui mène à l'ovule. Pour ceux qui parviennent en haut, le cauchemar

INCROYABLE !

● Au XVIIIe siècle, des médecins soutenaient que les spermatozoïdes contenaient de beaux bébés miniatures, déjà tout formés, qui n'avaient plus qu'à grandir dans le ventre des femmes.

69

Neuf mois pour naître

Le bébé se développe dans l'utérus, une poche élastique à l'intérieur du ventre de la maman. Il baigne dans une eau tiède appelée le liquide amniotique.

Au début, c'est un petit embryon en forme de virgule. Peu à peu, il va prendre forme humaine. À 3 mois, tous ses organes sont en place ; l'embryon prend le nom de fœtus. Il bouge ses bras et ses jambes.

À 5 mois, il est de plus en plus remuant et donne des coups de pied à sa maman ; il entend, il a parfois le hoquet et suce son pouce. Vers le 8e mois, il se positionne tête en bas, tandis que le ventre de la maman continue de grossir, grossir, grossir...

Pourquoi le futur bébé vit-il dans de l'eau ?

Le liquide amniotique est une eau tiède contenue dans l'utérus. Il protège le bébé des chocs, des changements de température à l'extérieur du ventre de la maman et de certains microbes.

Comment fait-il quand il a envie de faire caca ?

Il fait très peu caca, car les éléments dont il se nourrit proviennent du sang de sa maman et ont déjà été digérés. Quand il lui arrive d'avaler une petite saleté, un de ses cheveux, par exemple (c'est rare), elle se transforme en une substance verdâtre, le méconium, qui demeure dans son intestin jusqu'à la naissance.

Comment arrive-t-il à respirer dans l'eau ?

En fait, il ne se sert pas de ses poumons ni de son nez pour respirer, car il se noierait. L'oxygène dont il a besoin pour vivre lui est fourni par le placenta. C'est une sorte de grosse éponge qui

absorbe le sang de la maman et l'oxygène qu'il contient. L'oxygène rejoint directement le corps du bébé grâce à un tuyau souple, le cordon ombilical, qui relie le placenta à son nombril.

Comment se nourrit-il ?

C'est le placenta, cette grosse éponge à l'intérieur de l'utérus gorgée du sang de la maman, qui nourrit le bébé. En effet, le sang

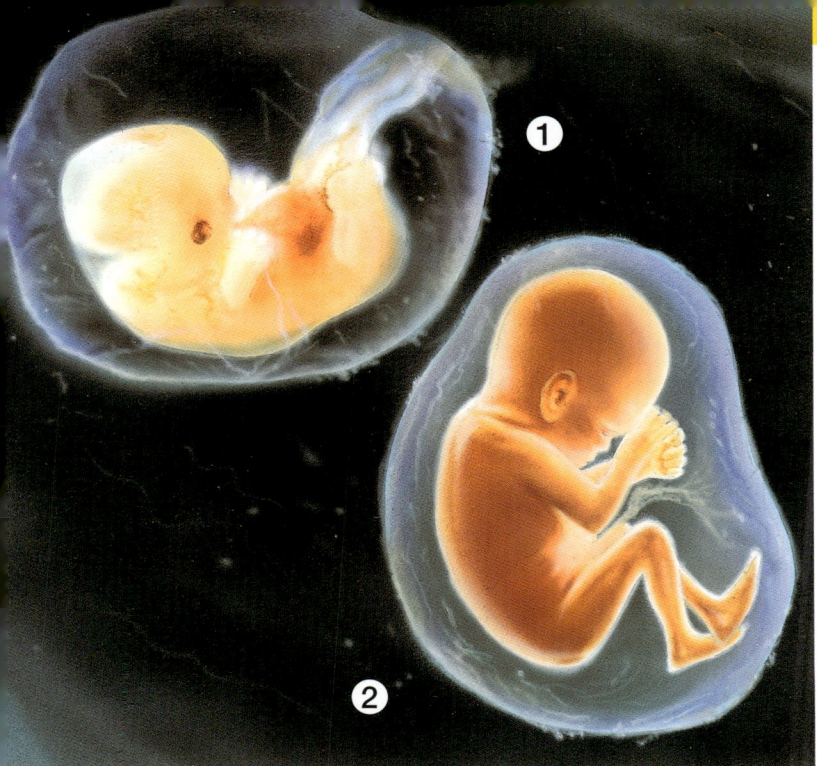

1 2

1) À 6 semaines, bébé a une très grosse tête et un corps plus petit.
2) À 5 mois, il mesure 25 cm et pèse 500 g. Il a des cheveux, des cils et des sourcils. Il lui arrive de sucer son pouce.

Comment boit-il ?

Les vaisseaux sanguins de la maman déversent dans le placenta l'eau dont il a besoin. À partir du 4e mois, il sait avaler et boit donc aussi le liquide amniotique dans lequel il baigne.

Pourquoi boit-il le liquide amniotique alors qu'il fait pipi dedans ? C'est dégoûtant !

En fait, le liquide amniotique se renouvelle sans arrêt, ce qui permet au futur bébé de le boire sans danger ! Ouf !

de la maman contient non seulement de l'oxygène mais aussi toutes les bonnes choses (vitamines, sucres, etc.) dont il a besoin pour bien se développer.

de sa maman, dans le liquide amniotique où il vit !

Comment fait-il quand il a envie de faire pipi ?

Il ne se gêne pas, il fait directement dans le ventre

INCROYABLE !

● Durant les 2 premiers mois de la grossesse, la taille de l'embryon est multipliée par 240 et son poids par 1 million ! De la taille d'un point, il passe à celle d'une petite noix de 2 à 3 g.

Pourquoi la maman est-elle souvent fatiguée au début de la grossesse ?

Parce que son corps se transforme : le volume de son sang augmente pour couvrir les besoins du bébé (soit 1 à 2 l en plus !), son cœur bat plus vite car il a plus de sang à faire circuler, son utérus s'élargit... Tout cela demande à l'organisme beaucoup d'énergie, ce qui, forcément, fatigue la maman !

Pourquoi certaines mamans ont-elles souvent envie de vomir en début de grossesse ?

Parce que la progestérone, une substance produite en grande quantité au début de la grossesse et responsable des grandes transformations du corps de la femme, perturbe certaines fonctions de l'organisme, comme la digestion. D'autre part, le sens de l'odorat est beaucoup plus sensible chez les femmes enceintes et beaucoup d'odeurs leur donnent mal au cœur.

Pourquoi, parfois, les mamans enceintes qui ont un chat ne veulent-elles plus s'occuper de lui ?

Parce que les chats véhiculent une maladie, la toxoplasmose. Elle n'est pas du tout grave chez l'adulte et l'enfant (on est juste un peu fatigué).

En revanche, elle entraîne de graves malformations chez l'embryon de moins de 3 mois. Aussi, dans les premiers mois de la grossesse, conseille-t-on aux mamans qui n'ont jamais eu la toxoplasmose de ne pas trop câliner leur chat (n'en déplaise à Mistigri !) et de ne pas changer sa litière (ça, c'est plutôt une bonne nouvelle !)

Pourquoi le bébé donne-il des coups de pied à sa maman ?

Mais non, ce n'est pas un vilain bébé ! Ce que l'on appelle des "coups de pied" correspond en fait à la façon qu'il a de changer de position dans un nid qui, bien qu'élastique, lui offre de moins en moins de possibilités de mouvements.

Pourquoi le futur bébé suce-t-il son pouce ?

C'est un réflexe, un geste automatique qu'il découvre vers le 5e mois de la grossesse. Ainsi, il s'entraîne à téter.

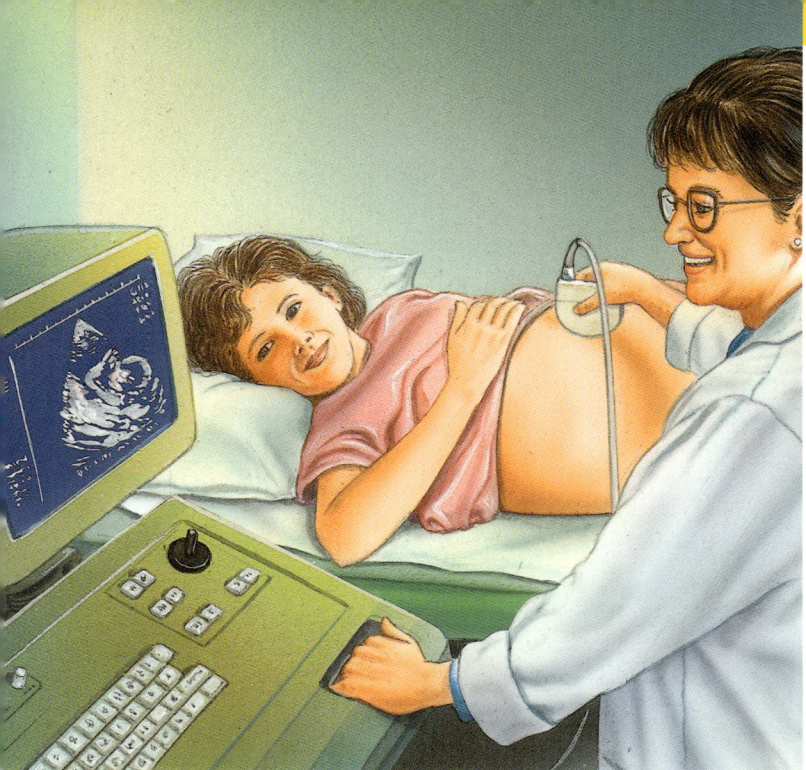

L'échographie permet de surveiller le bon développement du bébé et de détecter les anomalies.

appareil qui émet des ultrasons (des ondes sonores qui ne sont pas perceptibles par l'oreille humaine). En rebondissant sur le fœtus comme un écho, ces ondes renvoient sur un écran des zones plus ou moins claires qui permettent de distinguer le bébé. L'échographie est très utile, car elle permet de vérifier si le bébé se développe bien.

Comment la maman sait-elle si elle va avoir un garçon ou une fille ?

En passant une échographie : un examen qui permet de voir sur un écran le bébé à l'intérieur de son ventre. Il faut attendre le 5e mois de grossesse pour connaître le sexe de son enfant, car avant les organes sexuels ne sont pas encore bien différenciés.

Comment l'échographie permet-elle de voir le bébé à l'intérieur du ventre de sa maman ?

Le médecin déplace sur le ventre de la maman un petit

INCROYABLE !

● En Chine, pour indiquer l'âge d'une personne, on prend en compte les 9 mois qu'elle a passés dans le ventre de sa maman !

Comment le bébé s'occupe-t-il dans le ventre de sa maman ? Est-ce qu'il ne s'ennuie pas trop ?

Non ! Déjà parce qu'il dort beaucoup : entre 16 et 20 heures par jour ! Quand il est réveillé, il joue avec son cordon, tripote son visage, suce ses doigts, fait de la gymnastique, s'étire, se frotte le dos contre la paroi douce de son enveloppe, écoute les voix familières qui lui parlent, vient à la rencontre des mains qui cherchent son contact. Il apprécie aussi beaucoup la musique. Enfin, tout dépend de quelle musique ! Car monsieur bébé a ses préférences ! Quand il n'aime pas un disque, il peut s'énerver et se mettre à gigoter comme un petit diable jusqu'à ce que la musique cesse. Quel caractère !

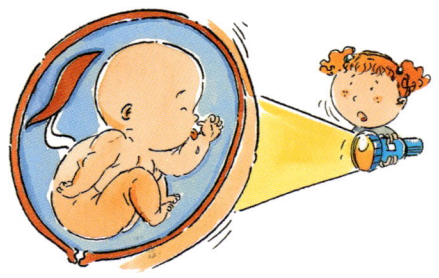

Comment le futur bébé voit-il ?

Le bébé vit dans un monde obscur où ses yeux ne lui servent à rien. Vers le 7e mois de la grossesse, il peut les ouvrir et les fermer et devient sensible à la lumière vive. Par exemple, quand on dirige un faisceau de lumière assez forte sur le ventre de sa maman, il réagit en approchant son visage de l'endroit éclairé. Eh oui, déjà curieux !

~~~~~~~~~~~~~~

Comment entend-il ?

À partir du 5e mois, les oreilles du bébé fonctionnent. Il vit dans un monde sonore où se mêlent le "boum ! boum !" des battements du cœur de sa maman, les "glouglou !" de la digestion, le "dzédzé !" du placenta qui s'active, etc. Les sons extérieurs lui parviennent assourdis, un peu comme ceux que l'on entend quand on a la tête sous l'eau. Il est particulièrement sensible aux voix graves, et donc à celle de son papa. C'est pourquoi beaucoup de bébés se déplacent dans l'utérus pour venir du côté de leur père quand il parle.

Pourquoi le ventre de la maman grossit-il énormément pendant le dernier mois de la grossesse ?

Parce que le bébé prend environ 1 kg durant cette

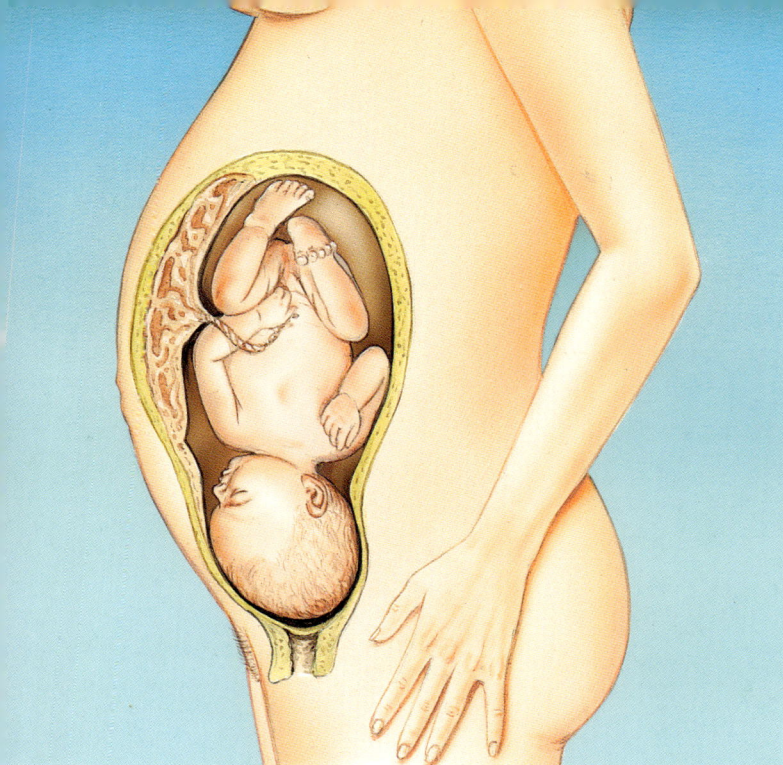

Quelques jours avant sa naissance, bébé se met en position pour sortir.

Pourquoi le bébé se retourne-t-il tête en bas vers le 8e mois de la grossesse ?

Parce qu'il n'a plus beaucoup de place pour bouger et se prépare donc tout doucement à sortir du ventre de sa maman. Il se positionne instinctivement tête en bas pour faciliter sa sortie.

période. Parallèlement, e placenta qui le nourrit devient de plus en plus volumineux. Le bébé y puise de la graisse qui le rend plus potelé et l'aidera à supporter a température extérieure, beaucoup plus basse que celle de son nid douillet.

de la silhouette pendant la grossesse.

Pourquoi le ventre de a maman peut-il grossir autant sans éclater ?

Parce que la peau est un tissu très élastique qui s'adapte aux changements

INCROYABLE !

En 1884, une revue médicale américaine signala une grossesse de 15 mois et 20 jours. Un siècle plus tôt, une grossesse de 36 mois fit beaucoup parler d'elle. Rumeur ou pure vérité ?

Le jour de la naissance

- *Au bout de 9 mois de grossesse, les muscles de l'utérus, la poche dans laquelle a grandi le bébé, se contractent régulièrement (se resserrent autour de lui) pour le pousser vers la sortie. Sous la pression, la poche de liquide amniotique dans laquelle il baignait se rompt. On dit que la maman < perd ses eaux. Le bébé est prêt à naître.*

- *Parfois, la naissance pose problème, car le bébé a du mal à sortir.*

- *Quand le bébé naît avant la fin de la grossesse (entre la fin du 6ᵉ mois et le début du 9ᵉ mois), on dit qu'il est prématuré. Il est placé bien au chaud dans un petit nid fermé et transparent, la couveuse.*

Comment se déroule la naissance ?

Sous l'effet des contractions des muscles de l'utérus, le col de l'utérus (un petit passage qui était fermé jusque-là) s'entrouvre de plus en plus pour permettre au bébé de sortir. Quand il est complètement ouvert, le bébé s'y engage, la tête la première. Sa maman pousse alors très fort avec son ventre pour l'aider à franchir le tunnel du bassin (formé par les os des hanches), puis son sexe. Les mains du médecin accoucheur facilitent le passage de la tête et des épaules du bébé. Une fois à l'air libre, le nouveau-né pousse un cri. Le médecin accoucheur le dépose alors dans les bras de sa maman et coupe le cordon qui les reliait (ou il demande au papa de le faire).

Pourquoi le bébé pousse-t-il un cri en naissant ?

C'est en prenant sa première respiration qu'il pousse souvent un cri, parce que ses poumons s'emplissent soudainement d'air et que cet afflux d'air fait vibrer ses cordes vocales, les organes de la voix.

Pourquoi le bébé est-il tout rouge en naissant ?

Parce qu'il naît avec beaucoup de globules rouges. Lorsqu'il était dans le ventre maternel, ces constituants du sang s'activaient en permanence

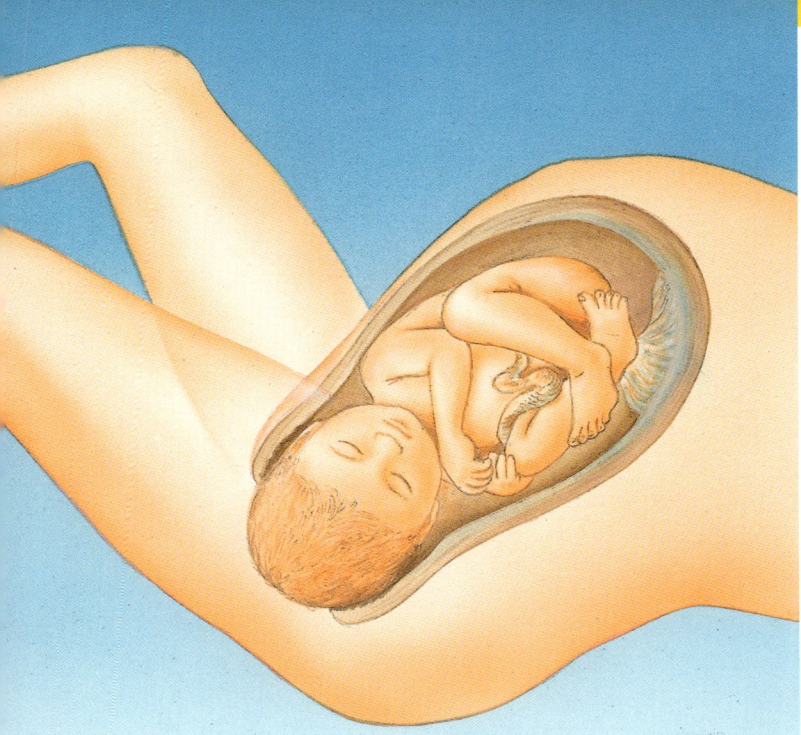

Position normale du bébé pendant la naissance.

été produit pendant le 8e mois de la grossesse pour faciliter sa sortie.

Pourquoi dépose-t-on le nouveau-né dans les bras de sa maman, alors qu'il est encore tout gluant ?

Pour le rassurer. Car rien ne ressemble au nid chaud et douillet qu'il a connu pendant 9 mois. Les bruits sont amplifiés, et puis il y a ces odeurs qu'il ne connaît pas, ces lumières vives... Tout cela est très effrayant pour lui !

pour véhiculer dans son corps l'oxygène qu'il recevait de sa maman. Après la naissance, le nombre de globules rouges diminue. La peau s'éclaircit progressivement.

Pourquoi sa tête est-elle souvent un peu déformée ?

Pour sortir du ventre de la maman, le passage est très étroit, et parfois la tête du bébé s'y engouffre difficilement. Alors son crâne, qui est très souple, se déforme un peu pour pouvoir passer. Après quelques jours, il retrouve sa forme initiale.

Pourquoi le bébé est-il tout gluant quand il sort du ventre de sa maman ?

Parce qu'il est recouvert d'un enduit gras, le vernix, qui a

INCROYABLE !

● Un nouveau-né pèse en moyenne 3,4 kg au terme de la grossesse. Le plus gros nouveau-né connu pesait 10,2 kg ! Quant au nouveau-né le plus léger, né avant terme, il pesait 283 g !

Pourquoi le médecin accoucheur propose-t-il souvent au papa de couper le cordon ombilical du bébé ?

Parce qu'un papa est toujours très ému et très fier de couper le cordon.
En accomplissant ce geste simple, il rompt le lien qui unissait si intimement le bébé et sa maman. C'est sa façon à lui de donner la vie à son enfant et de se faire sa place en tant que papa.
Désormais, il va pouvoir faire plus ample connaissance avec son bébé et créer un lien particulier avec lui.

Pourquoi habille-t-on le bébé chaudement alors qu'il fait déjà très chaud dans la maternité ?

Parce qu'il a vécu pendant 9 mois à une température constante de 37 °C.

Son corps n'est pas encore capable de s'adapter aux changements de température et de régler sa propre chaleur.

Pourquoi certains bébés n'arrivent-ils pas à sortir du ventre de leur maman ?

Parfois, le col de l'utérus ne s'ouvre pas assez pour laisser passer le bébé, ou ce dernier est trop gros. Il y a aussi des petits coquins qui essaient de sortir les fesses en premier. Alors, forcément, ça coince !

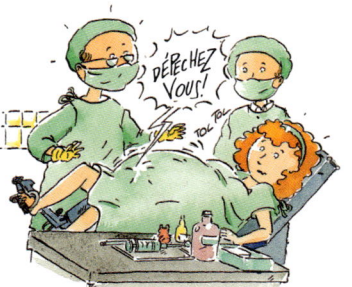

Comment fait le médecin quand le bébé n'arrive pas à sortir du ventre de sa maman ?

Après avoir fait une piqûre à la maman pour qu'elle ne sente rien, il pratique une petite ouverture dans son ventre pour saisir le bébé.

Cela s'appelle une césarienne.

Pourquoi certains bébés naissent-ils avant la fin de la grossesse ?

Parfois, la maman est très fatiguée, son utérus est mal formé ou elle tombe malade, ce qui précipite l'accouchement.
Les jumeaux et les triplés naissent aussi avant terme, car ils prennent plus de place dans le ventre de leur maman et font pression plus tôt pour sortir.

Comment naissent les jumeaux ?

Le plus souvent, comme les autres enfants, par le sexe de leur maman. Mais l'un après l'autre !

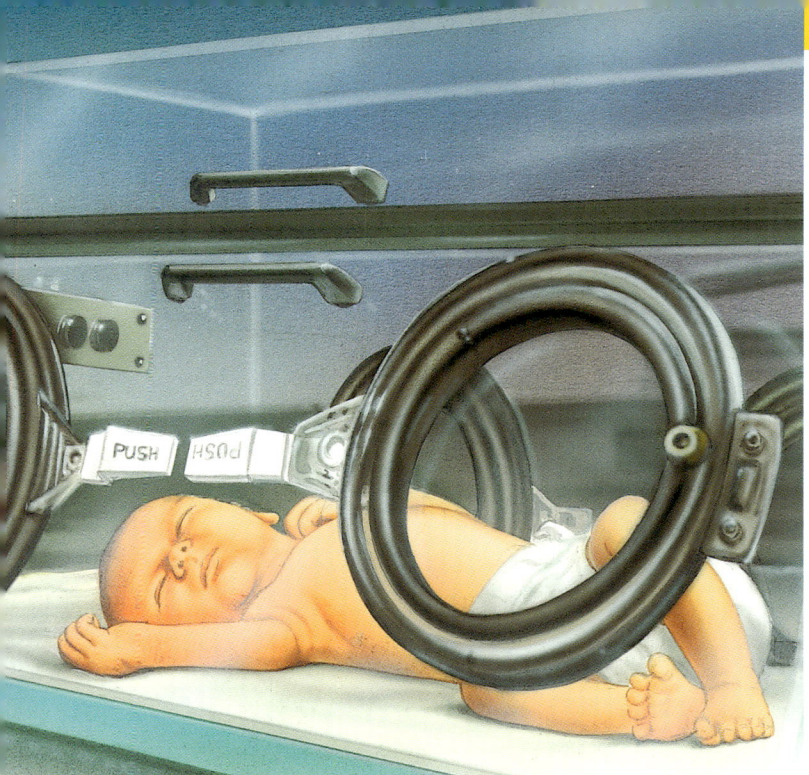

Les bébés prématurés sont placés en couveuse afin de terminer leur développement.

de globules rouges. Après la naissance, les globules rouges en trop sont détruits par l'organisme : ils s'entrouvrent pour libérer l'hémoglobine, la substance rouge qu'ils contiennent. En étant libérée, l'hémoglobine, qui manque d'oxygène, devient jaune et prend le nom de bilirubine. Pour être évacuée par l'organisme, cette substance doit être transformée par le foie. Mais comme celui-ci ne fonctionne pas encore très bien chez les bébés, il arrive que certains deviennent plus ou moins jaunes. Pour détruire la bilirubine, on les place pendant quelques jours sous une lampe spéciale.

les nourrit avec une sonde qui descend dans leur estomac.

pourquoi certains bébés deviennent-ils tout jaunes après la naissance ?

On a vu qu'en naissant le bébé est tout rouge, car son sang comporte beaucoup

pourquoi place-t-on les bébés prématurés dans des couveuses ?

Pour qu'ils puissent poursuivre leur développement dans de bonnes conditions. On les aide à respirer, car leurs poumons ne fonctionnent pas encore très bien, et on

INCROYABLE !

● Le premier bébé connu né par césarienne fut l'empereur César. César vient du latin «caedere», qui signifie «couper», «inciser».

Les premières semaines de la vie

Le nouveau-né est une vraie marmotte; il dort entre 18 et 20 heures par jour ! Toutes les 3 ou 4 heures environ, la nuit comme le jour, il réclame le sein de sa maman ou le biberon. Il grossit tous les jours d'environ 30 g.

Le nouveau-né se tient tout recroquevillé comme une petite grenouille, et ses mouvements sont brusques. Au bout d'un mois, il est déjà moins raide et allonge plus facilement ses bras et ses jambes. Il contrôle mieux ses mouvements.

pourquoi le nouveau-né pleure-t-il pour un oui, pour un non ?

Parce qu'il ne sait pas encore se faire comprendre autrement. C'est le seul moyen dont il dispose pour dire qu'il a faim, qu'il a mal, qu'il est fatigué, mal installé ou que sa couche est sale.

Comment le lait arrive-t-il dans les seins de la maman ?

Dès que le bébé naît, une hormone, un messager du cerveau qui circule dans le sang, commande la

production de lait. Ce sont les principaux constituants du sein, les glandes mammaires, qui vont fabriquer ce lait. Elles sont formées de petits canaux qui conduisent le lait jusqu'aux mamelons.

pourquoi certaines mamans donnent-elles le biberon plutôt que le sein à leur bébé ?

Parfois, c'est parce qu'elles n'ont pas assez de lait dans les seins pour l'allaiter. Parfois, c'est un choix ; elles préfèrent lui donner

le biberon. Le papa et les frères et sœurs peuvent alors participer à ce moment exceptionnel.

du temps de sommeil du bébé est occupée par les rêves. D'autre part, c'est pendant le sommeil que le corps du bébé fabrique l'hormone de croissance, une substance qui le fait grandir.

Pourquoi le bébé a-t-il l'air si détendu dans le bain ?

Parce qu'il y retrouve l'ambiance aquatique qu'il a connue pendant 9 mois dans le ventre maternel. C'est aussi un moment de contact privilégié avec son papa ou sa maman. Bientôt, il prendra plaisir à y jouer.

Pourquoi le nouveau-né dort-il autant ?

Parce que son cerveau n'a pas fini de se développer et qu'il se construit surtout pendant que le bébé rêve. C'est pourquoi, à la naissance, plus de la moitié

INCROYABLE !

● À quelques heures à peine, le nouveau-né est déjà attentif à nos mimiques et à nos grimaces. Si on lui tire la langue plusieurs fois de suite, il nous imite.

Pourquoi le bébé doit-il faire son rot après chaque repas ?

En prenant son biberon ou en tétant, il avale de l'air qu'il doit évacuer pour bien digérer. On ne doit pas remettre un bébé dans son lit tant qu'il n'a pas fait son rot. Car en faisant un rot, il peut renvoyer un peu de lait qui risquerait de rester au fond de sa gorge et l'étouffer s'il était allongé.

Pourquoi ses frères et sœurs se font-ils gronder quand ils font la même chose ?

C'est une question de culture et d'éducation. Dans les pays musulmans, le rot est toujours bienvenu, car il prouve qu'un invité a apprécié le repas de ses hôtes. Sous d'autres latitudes, en revanche, on le considère comme incorrect en société. Il faut dire que certains petits malins rotent à tout bout de champ, et pas seulement après le repas !

Pourquoi bébé agrippe-t-il nos doigts quand on lui tend la main ?

C'est un réflexe, un geste qu'il ne contrôle pas. On l'appelle "le réflexe d'agrippement". Il reflète le bon développement du système nerveux, qui permettra les mouvements volontaires.

Pourquoi ne distingue-t-on pas encore la couleur de ses yeux ?

Tous les nouveau-nés ont les yeux plus ou moins gris. Leur couleur définitive dépendra de la quantité et de la variété des pigments colorés qui vont se déposer progressivement dans son iris.

Pourquoi faut-il lui soutenir la nuque quand on le porte ?

Parce qu'il ne peut pas tenir sa tête droite ; les muscles de son cou n'ont pas encore assez de force pour la soutenir.

Pourquoi a-t-il une couche ?

Parce que son cerveau n'arrive pas encore à contrôler ses sphincters, les petits orifices musculaires qui s'ouvrent et se ferment au passage du pipi et du caca.

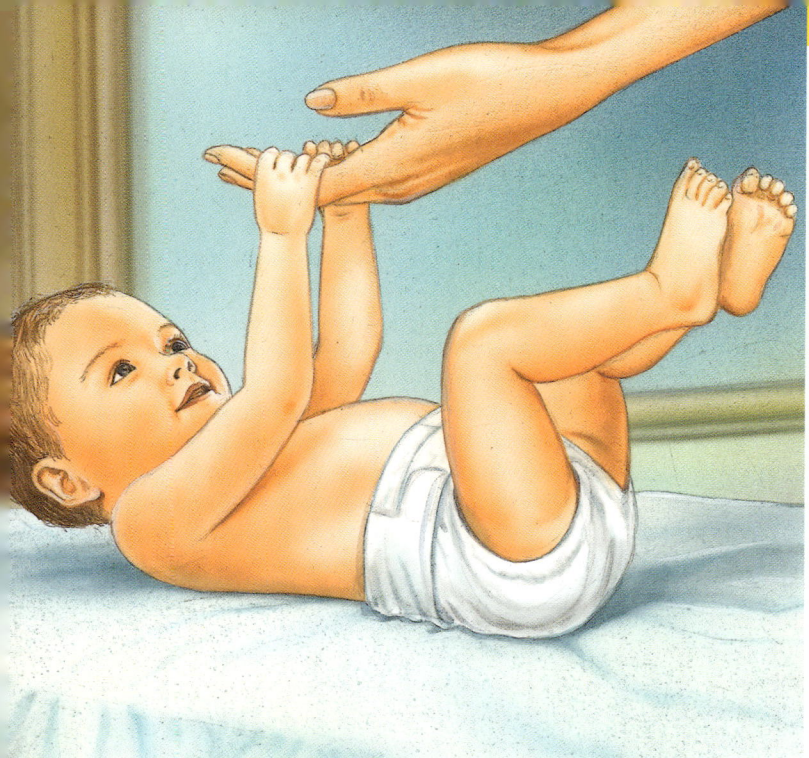

toujours. Elle leur rappelle le contact étroit et rassurant avec le sein de leur maman, ou la période pendant laquelle ils suçaient leur pouce, bien à l'abri dans son ventre.

pourquoi les mamans donnent-elles une tétine en caoutchouc à leur bébé quand il pleure ?

Tous les bébés n'ont pas de tétine et la plupart s'en passent très bien. Cela dit, il est vrai que la tétine apaise certains bébés que les câlins ne consolent pas

comment le nouveau-né voit-il ?

Il voit flou et à moins de 20 cm. En revanche, il distingue très bien ce qui brille, ainsi que la couleur rouge. Il est très attentif aux visages qui s'approchent de lui et qui s'animent en lui parlant.

INCROYABLE !

Pendant des siècles, on a cru que le nouveau-né ne voyait rien et n'entendait rien. Il était assimilé à un tube digestif tout juste bon à être nourri et changé.

83

Du bébé à l'enfant

- *Entre 0 et 3 ans, le bébé apprend à parler, à marcher, à manger comme un grand, à aller sur le pot. Il devient un petit enfant, dont la personnalité s'affirme.*

- *À 3 ans, il entre à l'école maternelle. Son langage se perfectionne. Il dort environ 10 heures par nuit et fait une sieste l'après-midi.*

- *À 7 ans, il sait lire, écrire, faire du vélo et ne fait plus la sieste.*

- *Entre 0 et 10 ans, son poids est multiplié par 10. À partir de 4 ans et jusqu'à l'âge de 10-12 ans, sa taille augmente d'environ 5 à 6 cm par an. Petit à petit, sa silhouette s'affine.*

Pourquoi ne marche-t-on pas dès la naissance, comme les bébés animaux ?

Parce qu'à la naissance nos os ne sont pas assez solides et nos muscles pas assez puissants pour supporter le poids de notre corps. Il faut aussi que le système nerveux, qui permet au cerveau de commander nos mouvements et notre

équilibre, arrive à maturité. Si ces conditions sont réunies dès l'âge de 9 mois, la plupart des bébés ne marchent pas avant 13 à 15 mois. Il y a même de petits paresseux qui attendent 20 mois pour faire leurs premiers pas.

Pourquoi les bébés marchent-ils les jambes écartées, comme des cow-boys ?

Pour ne pas tomber. En effet, en position verticale, le bébé ne perçoit plus son corps de la même façon qu'avant, ce qui lui pose de gros problèmes au niveau de l'équilibre. Heureusement, avec de l'entraînement, cela s'arrange très vite !

Pourquoi tous les bébés ne marchent-ils pas au même âge ?

Même si, à 9 mois, le bébé est physiquement apte à marcher, il n'en a pas toujours envie,

ENCORE 2 ou 3 ans !

Pourquoi les bébés tripotent-ils tout ce qui se trouve près d'eux et portent-ils tous les objets à leur bouche ?

Les bébés ont besoin de toucher pour connaître. Pour la même raison, ils portent les objets à leur bouche. Tous leurs sens leur servent en fait à explorer et à découvrir le monde qui les entoure.

car marcher signifie aussi devenir "grand" et donc moins dépendant de sa maman. Soutenu, rassuré par l'amour de ses parents, il franchira le cap, mais à son heure !

Pourquoi les petits bébés aiment-ils tant jouer à "coucou !" ?

Parce que ce jeu les rassure. Il leur prouve que les choses, et donc forcément les personnes qu'ils aiment, peuvent disparaître et réapparaître ; bref, que ce n'est pas parce que leur

maman n'est pas là qu'elle n'existe plus.

INCROYABLE !

● Les spécialistes ont remarqué qu'après une maladie infantile, rougeole, par exemple, la croissance chez l'enfant est quadruplée.

Vers 2 ans, un enfant est partagé entre le désir de devenir un "grand" (il veut tout faire tout seul et affirme son identité) et celui de rester un petit bébé dépendant de sa maman (il veut qu'elle continue à satisfaire tous ses désirs). Comme cela n'est pas possible et qu'il ne sait pas ce qu'il veut, ça l'angoisse terriblement. C'est cette angoisse qui provoque ses colères fréquentes et spectaculaires. Heureusement, elles ne durent qu'un temps !

Comment le bébé apprend-il à parler ?

En communiquant avec ses proches. Dès sa naissance, en effet, ses parents lui parlent. Au début, il accompagne leurs intonations de mimiques et de brusques élans du corps. Puis il leur sourit et commence à les imiter. Il prononce ses premières voyelles ("aaa, eee"), ses premières consonnes ("areuh") ; à 6 mois, il babille ("da-da-da-da"). Vers 1 an,

grand tournant : le bébé comprend que les mots ont une signification, que "pa-pa", par exemple, désigne son papa. Il va alors utiliser une dizaine de mots pour communiquer, tels que "apu" (il n'y en a plus), ou "gade" (regarde). Vers 2 ans, il construit ses premières phrases : "papa pati" (papa est parti), "maman tèt" (maman fait la sieste). Petit à petit, son langage va se développer.

Pourquoi les petits enfants imitent-ils les grands ?

Parce qu'en reproduisant leurs gestes, leurs attitudes, mais aussi ce qu'ils voient à la crèche, dans la rue, à la maison... ils comprennent de mieux en mieux le monde des plus grands et s'y intègrent progressivement.

Pourquoi beaucoup de petits enfants ont-ils un "doudou" dont ils ne se séparent jamais ?

Un petit enfant n'aime pas être séparé de ses parents.

Pourquoi ressemblons-nous à nos parents ?

Parce nos gènes proviennent de nos deux parents. Les gènes sont les plus petits éléments des cellules qui constituent notre corps. Ils renferment les caractères héréditaires, c'est-à-dire les caractéristiques que nous transmettent nos parents, comme les détails physiques.

Quand il va à la crèche ou au moment de s'endormir, son doudou (peluche, chiffon, manche de pyjama...) le rassure et l'apaise.

Comment savoir si on sera petit ou grand à l'âge adulte ?

On ne peut pas le savoir exactement, car la taille définitive dépend de beaucoup de choses : la qualité du sommeil et de l'alimentation, l'hérédité, le développement affectif (si l'on a grandi en se sentant aimé ou non), la santé, l'activité sportive, etc. Certaines méthodes proposent de multiplier par 2 la taille que l'on avait à 2 ans pour en avoir une petite idée.

INCROYABLE !

- Des expériences ont montré qu'un bébé humain met beaucoup plus de temps à se reconnaître dans une glace (2 ans environ) qu'un bébé chimpanzé (4 jours).

L'adolescence

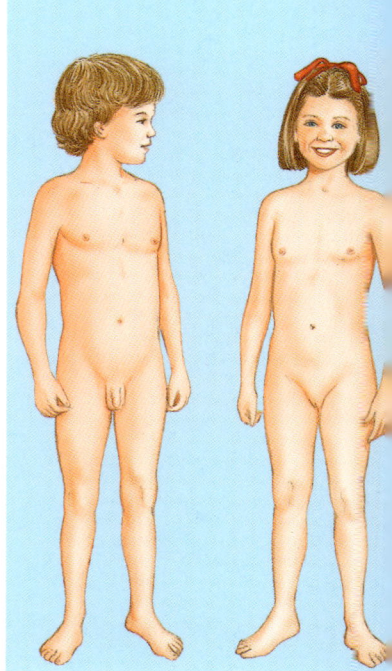

- *À partir de 11 ans environ, le corps des filles et des garçons grandit beaucoup et se métamorphose.*

- *Chez les filles, les seins poussent, la taille et les hanches se dessinent. Des poils apparaissent autour du sexe et sous les aisselles. Elles ont leurs premières règles.*

- *Chez les garçons, les poils poussent aussi sur le torse et sur le visage. Le sexe grandit. La voix change et devient plus grave. Les épaules s'élargissent.*

- *Cette période de grandes transformations physiques est appelée la puberté. Elle accompagne la pré-adolescence (entre 11 et 14 ans environ) et l'adolescence (entre 14 et 17-18 ans).*

pourquoi le corps change-t-il autant à l'adolescence ?

Ce sont les hormones sexuelles qui sont à l'origine des grandes transformations du corps à l'adolescence. Ces messagers du cerveau, qui circulent dans le sang, vont permettre au garçon de devenir un futur papa en fabriquant des spermatozoïdes dans ses testicules (les deux boules sous le pénis) et à la fille de devenir une future maman en produisant des ovules.

pourquoi les adolescents ont-ils souvent plein de boutons sur le visage ?

Parce qu'à l'adolescence les glandes sébacées, de petits organes situés sous la couche superficielle de la peau, produisent plus de sébum (une substance grasse) que d'habitude. Quand le sébum déborde de la glande sébacée et s'accumule sous la surface de la peau, il se forme un bouton, que l'on appelle un bouton d'acné. La peau du visage est particulièrement touchée par l'acné, car elle renferme plus de glandes sébacées qu'ailleurs.

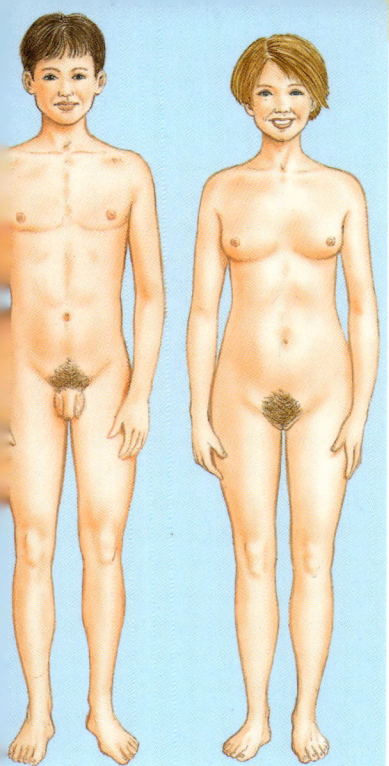

À l'adolescence, le corps change. Note les différences entre l'âge de 8 ans et l'âge de 16 ans.

l'ovule non fécondé est expulsé de son corps avec le sang qui avait commencé à tapisser la paroi de l'utérus pour accueillir un éventuel bébé.

pourquoi les filles ont-elles des règles ? Et puis d'abord, c'est quoi exactement, les règles ?

Les règles sont de petites pertes de sang qui s'échappent 3 ou 4 jours par mois du vagin (le sexe féminin). Elles apparaissent en général entre 11 et 15 ans, quand les ovaires, des organes situés dans le ventre de la jeune fille, commencent à fonctionner et libèrent chaque mois un ovule (la petite graine de vie qui sert à faire des bébés). La jeune fille a ses règles parce que, chaque mois,

pourquoi la voix des garçons change-t-elle ?

Parce que le larynx, le tuyau qui abrite les cordes vocales (les organes de la voix), grossit beaucoup plus que celui des filles à l'adolescence. On le remarque d'ailleurs à la pomme d'Adam, cette partie du larynx plus ou moins

saillante au milieu du cou des garçons. La mue des garçons fait partie des caractères sexuels secondaires (par opposition aux organes de la reproduction, qui sont des caractères sexuels primaires). Tout comme les poils de barbe ou les formes rondes des jeunes filles, les caractères sexuels secondaires permettent d'accentuer la différence entre les garçons et les filles et facilitent leur attirance réciproque. La nature fait bien les choses !

INCROYABLE !

● Les règles ont longtemps fait l'objet de croyances farfelues, comme "il ne faut pas se laver les cheveux quand on a ses règles" ou " il ne faut pas manger de glaces quand on a ses règles" !

Le vieillissement

Avec l'âge, les cellules qui constituent tous les éléments de notre corps (os, nerfs, sang, muscles, peau, etc.) perdent de leur efficacité : on vieillit.

Le corps vieillit progressivement. À partir de 30 ans, nos muscles commencent déjà à "fondre". À 40 ans, notre vue a tendance à baisser et nous percevons moins bien certains sons. Petit à petit, la peau se marque de rides, les cheveux blanchissent et notre organisme résiste moins bien aux maladies. Souvent, la taille diminue.

Pourquoi, en vieillissant, beaucoup d'hommes perdent-ils leurs cheveux ?

Très souvent, la calvitie (perte des cheveux) est héréditaire ; elle peut toucher les hommes dès l'âge de 25-30 ans. Sinon, elle apparaît aux environs de la cinquantaine, sous l'effet d'hormones produites par le corps.

Pourquoi les femmes vivent-elles plus longtemps que les hommes ?

L'une des raisons invoquées est qu'elles seraient nettement plus résistantes aux maladies que les hommes. En vieillissant, en effet, notre organisme se défend de moins en moins bien contre les agressions des microbes.

Pourquoi les personnes très âgées parlent-elles avec une petite voix cassée ?

Parce qu'en vieillissant, le larynx, le tuyau dans lequel prend forme la voix, n'est plus assez souple. Il a du mal à se déformer pour produire des sons différents et permettre le contrôle de la voix.

En vieillissant, les cheveux deviennent blancs, car leur racine cesse de fabriquer de la mélanine, responsable de leur couleur.

fragiles, ce qui augmente le risque de fractures. Les personnes âgées perdent alors un peu confiance en leurs capacités physiques. En marchant à petits pas, elles risquent moins de tomber et se fatiguent moins vite.

pourquoi rapetisse-t-on en vieillissant ?

Ce n'est pas une généralité, mais il est vrai qu'avec l'âge les vertèbres ont tendance à se tasser. Si, en plus, on ne pratique

pourquoi les gens très âgés marchent-ils à petits pas ?

Quand on vieillit, le volume des muscles qui permettent le mouvement et soutiennent notre corps diminue (leur poids passe de 24 kg environ à 20 ans à 12 kg à 80 ans !). Les articulations se raidissent et les os deviennent plus

aucune activité sportive (gymnastique, par exemple), le dos, qui n'est plus assez soutenu par sa musculature, se déforme ou se voûte. On peut perdre ainsi jusqu'à 5 cm, et parfois plus !

pourquoi certaines personnes vivent-elles plus longtemps que d'autres ?

Cela dépend de beaucoup de choses. D'abord, de l'hérédité : une personne a plus de chances de vivre longtemps si ses ascendants ont vécu jusqu'à un âge avancé. Ensuite, du mode de vie : on vit mieux et plus longtemps en s'alimentant correctement, en pratiquant une activité physique régulière, en évitant de fumer et de consommer de l'alcool.

INCROYABLE !

● Au Moyen Âge, l'espérance de vie était de 25 ans. Aujourd'hui, elle est de 80 ans dans les pays riches, grâce aux progrès considérables de la médecine.

Une bonne alimentation

● *La nourriture contient toutes les substances essentielles au bon fonctionnement de notre corps. Ces substances, appelées nutriments ou éléments nutritifs, sont triées lors de la digestion et distribuées aux différents organes.*

● *Les nutriments comprennent des graisses et des sucres, qui nous apportent de l'énergie ; des protéines, qui aident notre organisme à se reconstituer ; des sels minéraux, comme le calcium qui rend nos os solides ; et des vitamines, qui entretiennent la bonne santé de notre corps.*

Pourquoi faut-il prendre un bon petit déjeuner ?

La nuit, pendant qu'on dort, nos muscles se reposent, mais de nombreux organes continuent de s'activer et dépensent l'énergie qui leur a été fournie par la nourriture de la veille. Il est donc important de bien manger le matin pour reprendre des forces et en accumuler suffisamment pour la matinée (ou du moins une partie).
Un bon petit déjeuner comprend un jus de fruits, un laitage (bol de lait, yaourt ou fromage), des céréales ou d'autres sucres lents, comme des biscottes ou du pain complet.

Comment savoir si on mange équilibré ou pas ?

Manger équilibré, c'est consommer beaucoup de fruits, de légumes et de sucres lents, comme les pâtes, le riz ou les céréales. Se nourrir chaque jour, mais en quantité raisonnable, de viande, de poisson ou d'œufs, sans oublier les produits laitiers (lait, fromage, yaourts...).
Ne pas abuser des sucres rapides (confiture, bonbons, chocolat, gâteaux) ni des graisses (beurre, huile, etc.).

Une bonne alimentation doit être variée et équilibrée.

des réserves et les stocke sous forme de graisse sous la peau : on grossit. Attention aux boissons sucrées, aux sodas notamment : 1 l de ces boissons contient l'équivalent de 20 morceaux de sucre !

pourquoi a-t-on plus faim en hiver qu'en été ?

Parce que, pour lutter contre le froid, notre organisme dépense beaucoup plus d'énergie en hiver.

pourquoi grossit-on quand on mange trop d'aliments gras ou sucrés ?

Parce qu'ils sont très caloriques : ils fournissent une grande quantité d'énergie. Comme toute cette énergie n'est pas utilisée par le corps, il fait

pourquoi la soupe fait-elle grandir ?
Et pourquoi dit-on que les carottes rendent aimable ?

Ces deux affirmations sont fausses. Une bonne soupe de légumes ne fait pas grandir. En revanche, elle contient beaucoup de vitamines et des fibres qui permettent une bonne digestion et évitent les problèmes de constipation (et de pets impromptus !). Quant aux carottes, à défaut de rendre aimable, elles donnent un joli teint à tous les caractères de cochon !

INCROYABLE !

● Nous n'avons pas tous les mêmes habitudes alimentaires. Alors qu'en France on mange des escargots ou des grenouilles, sous d'autres latitudes ce sont les criquets ou les mygales.

Bien se laver

- *Prendre une douche ou un bain, se laver les mains avant chaque repas et après être allé aux toilettes, se brosser les dents, fait partie de la toilette quotidienne, qui contribue à garder notre corps propre et en bonne santé*

- *Bien se laver, c'est aussi veiller à la propreté de nos ongles (de vrais nids à microbes !).*

- *Attention en nettoyant nos oreilles de ne pas former un bouchon de cire qui diminue l'audition. Hein ? Quoi ? Comment ?*

pourquoi faut-il prendre une douche tous les jours ?

Pour débarrasser notre peau de tout un tas d'impuretés : les cellules mortes que nous

perdons chaque jour et dont certains acariens (araignées microscopiques) sont friands ; la sueur, qui est un déchet de l'organisme ; les poussières, qui bouchent les pores de la peau et l'empêchent de respirer ; ainsi qu'une foule de microbes attirés par tout ce joli monde.

pourquoi sent-on mauvais quand on ne se lave pas ?

Parce que le sébum, une substance grasse produite par la peau, se mélange à la sueur et aux poussières accumulées. En formant de la crasse qui attire des

microbes. Ceux-ci, en se multipliant, la font fermenter (se dégrader), d'où les mauvaises odeurs. Pouah !

pourquoi certains endroits du corps sentent-ils plus mauvais que d'autres ?

Parce que les microbes responsables des mauvaises

Pourquoi faut-il se laver les dents après chaque repas ?

Pour éviter la formation de la plaque dentaire, un dépôt blanchâtre de germes et de résidus alimentaires mélangés, responsable des caries. En se lavant les dents après chaque repas, on garde aussi une haleine fraîche. Eh oui ! les résidus alimentaires coincés entre nos dents se décomposent très vite, ce qui provoque des odeurs pas toujours agréables pour nos pauvres interlocuteurs !

Comment faut-il se brosser les dents ?

Il faut effectuer de petits ronds avec la brosse, en partant de la gencive jusqu'au bas des dents. Inutile de frotter trop fort, car cela peut abîmer l'émail des dents et blesser les gencives. En revanche, il faut frotter partout (devant et derrière chaque dent, sans oublier celles du fond). Un bon brossage dure environ 3 minutes.

odeurs corporelles aiment particulièrement la chaleur et l'humidité. Emmitouflés toute la journée dans nos chaussures et nos chaussettes, nos pieds constituent donc une cible idéale pour ces bactéries, de même que nos aisselles (le dessous de nos bras), car elles abritent plus de glandes sudoripares (de petits sacs situés sous la peau qui produisent de la sueur) qu'ailleurs.

INCROYABLE !

• Rien de tel qu'une peau cracra et des vêtements sales pour se faire de nouveaux copains : les poux de corps. Grossis 120 fois au microscope, ce sont de véritables monstres.

Pourquoi les ongles attirent-ils les microbes ?

Parce qu'ils forment un toit accueillant sous lequel les microbes et les vers minuscules que l'on trouve dans la terre aiment se blottir en grand nombre. Avec tous ces squatters sous nos ongles, on risque de belles infections en portant les doigts à notre bouche, en se rongeant les ongles ou en s'égratignant avec. Mieux vaut les couper court et ne pas hésiter à les brosser en se lavant les mains.

Pourquoi faut-il se laver régulièrement les cheveux ?

Nos cheveux constituent un casque naturel pour notre crâne ; aussi faut-il en prendre soin. Il est nécessaire de les laver une ou deux fois par semaine, car ils sécrètent une substance grasse sur laquelle les poussières viennent se coller et qui les étouffe.

Pourquoi ne peut-on pas se laver les cheveux avec du savon ?

Parce que le savon est beaucoup trop agressif pour nos cheveux. Il les dessèche et les rend ternes et cassants.

Comment éviter les infections dans les oreilles ?

On peut placer un bouchon protecteur dans chaque oreille avant de plonger dans la piscine. Ces bouchons en cire ou en caoutchouc sont vendus en pharmacie.

Comment peut-on provoquer des bouchons de cire en se nettoyant les oreilles ? Est-ce la même cire que celle des bougies ?

Non, cette cire, appelée cérumen, est produite par les

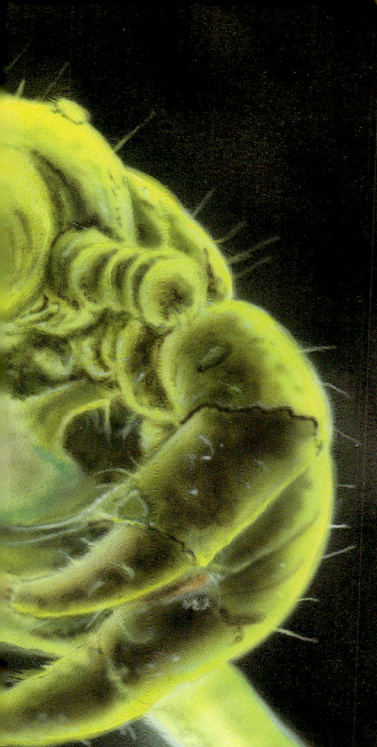

Pou sur un cheveu grossi plusieurs fois.

C'est pour cela qu'il est préférable de se servir de son petit doigt pour se nettoyer les oreilles.

Comment attrape-t-on des poux dans les cheveux ? Est-ce lié à la saleté, comme on l'entend dire souvent ?

Absolument pas ! Les poux de tête sautent allègrement d'une tête à l'autre, shampooinée ou pas ! Cela dit, ils apprécient beaucoup la chaleur et l'humidité. Les enfants, qui s'activent beaucoup, et forcément transpirent, constituent donc une cible privilégiée pour eux. Ils s'accrochent fermement à leur chevelure et s'y reproduisent. Les œufs de poux sont appelés des lentes.

On confond souvent les lentes et les pellicules. Il suffit d'essayer de les enlever pour les distinguer. La pellicule, qui est un petit bout de peau séchée, se retire facilement, les lentes restent accrochées au cheveu. Il faut un peigne très fin pour les enlever.

oreilles pour faire barrage aux microbes et aux saletés. En nettoyant nos oreilles avec un Coton-tige, on a tendance à la tasser au fond du conduit auditif, où elle sèche et provoque un bouchon qui fait que l'on entend moins bien.

INCROYABLE !

● Chaque jour, quand on se lave, on enlève de petits fragments de peau morte. On perd ainsi entre 12 et 15 kg de peau durant sa vie !

Indispensable sommeil

Quand nous dormons, notre cœur bat plus doucement et de façon plus régulière, nos muscles se relâchent. Ainsi détendus, nous éliminons la fatigue de la journée et nous reprenons des forces.

Notre cerveau lui aussi a besoin de repos ; lorsque nous manquons de sommeil, nous avons du mal à nous concentrer et à apprendre. Nous nous énervons aussi plus facilement.

C'est essentiellement pendant le sommeil que notre corps fabrique l'hormone de croissance, une substance qui aide les enfants à bien grandir et permet à nos plaies de cicatriser plus vite.

pourquoi est-on fatigué en fin de journée ?

Comme chez la plupart des animaux, nos périodes d'activité et de repos suivent le rythme de la nature. Nous sommes éveillés le jour et nous dormons la nuit. Quand la nuit tombe, une petite glande située dans notre cerveau sécrète plus l'hormone responsable du sommeil.

pourquoi bâille-t-on quand on est fatigué ?

Pour être efficaces, toutes les cellules qui composent notre corps ont besoin d'oxygène. Quand on est fatigué, on bâille pour faire entrer encore plus d'air dans notre corps, ce qui recharge nos cellules en énergie.

pourquoi les enfants doivent-ils se coucher tôt ?

Parce que c'est durant la première partie de la nuit que le temps de sommeil profond – très réparateur ! – est le plus long. C'est aussi durant le sommeil profond qu'est sécrétée l'hormone de croissance. Pour bien grandir, il faut se coucher tôt !

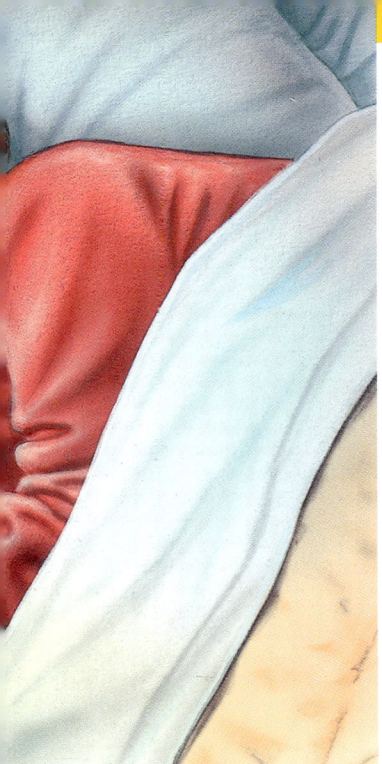

l'histoire du marchand qui déverse du sable du haut de son nuage.

pourquoi se frotte-t-on les yeux quand on est fatigué ?

Parce que notre cerveau nous informe qu'il est temps d'aller se coucher en fabriquant une substance qui pique un peu les yeux.

pourquoi dit-on le soir aux petits enfants que le marchand de sable va passer ?

Quand il est temps d'aller dormir, les yeux piquent, comme s'il y avait du sable dedans. C'est de là que vient

pourquoi les personnes qui travaillent la nuit sont-elles plus fatiguées ?

Même si leur organisme s'adapte progressivement au travail de nuit, ces personnes sont généralement beaucoup plus fatiguées car le sommeil du jour est beaucoup moins réparateur que celui de la nuit.

pourquoi récupère-t-on moins bien en dormant le jour ?

Parce que, le jour, le temps de sommeil profond est plus court que pendant la nuit. Or, c'est au cours de ce sommeil qu'on élimine la fatigue physique et qu'on se repose le mieux.

pourquoi dit-on qu'on dort mieux la tête au nord ?

Au nord-nord-est, plus exactement ! C'est ce qu'ont remarqué des scientifiques après avoir effectué de nombreux tests sur des dormeurs orientés différemment. Ils se sont également aperçus que, si l'on pose un bébé sur une couverture pour qu'il dorme, il oriente instinctivement sa tête vers le nord.

INCROYABLE !

● L'écrivain anglais Charles Dickens ne supportait de dormir que la tête au nord. S'il allait à l'hôtel, il vérifiait sur sa boussole et bougeait le lit si nécessaire.

de sommeil pour se sentir reposées, d'autres de 12 heures. Le plus souvent, c'est héréditaire : un enfant qui a besoin de beaucoup dormir a souvent un parent gros dormeur, ou les deux !

Pourquoi ne faut-il pas boire de café ou de Coca après 17 heures ?

Parce que ces boissons contiennent de la caféine, une substance qui stimule notre attention et nous tient éveillés. Si l'on en boit après 17 heures, on risque d'être agité au moment du coucher et d'avoir du mal à s'endormir.

Pourquoi ferme-t-on les yeux quand on s'endort ?

Parce que, lorsque l'on s'endort, tous nos muscles se relâchent, y compris ceux du visage, et donc des yeux.

Pourquoi y a-t-il de gros et de petits dormeurs ?

Certaines personnes n'ont besoin que de 3 heures

Pourquoi ne faut-il pas dormir dans une chambre trop chauffée ?

Même si l'on dort plus longtemps au chaud qu'au froid, on ne dort pas forcément mieux, car on

se réveille plus souvent. Au matin, on se sent moins reposé. Mieux vaut baisser le chauffage en hiver (moins de 19 °C) et bien se couvrir !

Pourquoi ne faut-il pas mettre trop de plantes dans une chambre à coucher ?

Dans la journée, les plantes produisent de l'oxygène, qu'elles libèrent dans l'atmosphère pour notre plus grand bien ! Le soir, en revanche, elles nous pompent l'air... euh, l'oxygène de l'air ! Dans la

Les navigateurs ne peuvent pas dormir 8 heures d'affilée. Ils sont capables de sombrer régulièrement dans un sommeil profond de 15 minutes.

pourquoi a-t-on souvent peur de s'endormir dans le noir quand on est enfant ?

Dans l'obscurité, on ne voit plus les objets familiers qui nous entourent. Alors, forcément, on est un peu désorienté et pas très rassuré. En outre, comme on a une imagination débordante, le moindre bruit, la plus petite ombre sur un mur nous terrorisent. On imagine que c'est le vampire d'un film vu à la télé, la sorcière de notre dernier livre, un voleur ou je ne sais quel monstre épouvantable.

mouchoir, tortiller une mèche de ses cheveux, faire un câlin à son papa ou à sa maman, regarder un livre, prendre un bon bain chaud, boire une tisane, fait partie des nombreux rituels du coucher. Ces petites habitudes, calmes et rassurantes, aident petits et grands à bien s'endormir.

chambre à coucher, mieux vaut donc s'en passer !

pourquoi beaucoup de petits enfants sucent-ils leur pouce quand ils sont fatigués ?

Sucer son pouce, attraper son nounours ou son

INCROYABLE !

● Les navigateurs en solitaire ont appris à fractionner leur sommeil. Certains dorment par tranches de 30 minutes. D'autres font des boucles de 2 heures, réparties au cours de la journée.

pourquoi est-ce si dur de sortir du sommeil quand le réveil sonne ?

Au cours de la nuit, le sommeil léger, le sommeil profond et le sommeil des rêves se succèdent, formant ce que l'on appelle des boucles. Chaque boucle dure environ 2 heures. Lorsqu'on s'éveille naturellement, c'est toujours à la fin d'une boucle. Mais lorsqu'on est tiré du sommeil par le réveille-matin, cela interrompt parfois un moment important d'une boucle, pendant le sommeil profond ou le sommeil des rêves. C'est pourquoi on se sent si fatigué.

pourquoi s'étire-t-on après une bonne nuit de sommeil ?

Quand nous étirons nos muscles, tout notre corps se détend. Cette sensation, très agréable, nous aide à commencer la journée du bon pied.

nous ressentons est souvent liée à une petite faim : notre organisme, à mi-chemin entre les repas, manque de sucre et nous le fait savoir.

pourquoi a-t-on parfois des "coups de barre" dans la journée ?

Quand on n'arrive plus à se concentrer, que la fatigue nous assomme, c'est que notre cerveau a besoin de se reposer. Le coup de barre est un signal qu'il nous envoie pour manifester ce besoin. Aux alentours de 10 heures et de 17 heures, la fatigue que

La sieste est bénéfique et pas seulement pour les tout-petits. Pour les adultes, 10 à 15 min suffisent pour retrouver de l'énergie.

Pourquoi les petits enfants font-ils une grande sieste l'après-midi ?

Parce que leur corps est en plein développement et que cela demande beaucoup d'efforts à l'organisme. La sieste prépare aussi les tout-petits au sommeil de la nuit ; en faisant une sieste l'après-midi, ils sont moins grognons et excités le soir, et ils s'endorment plus facilement en faisant de beaux rêves.

à se forcer à bâiller 10 fois de suite. D'après certains, cela détend notre organisme et vaut une sieste !

Comment faire si l'on a un coup de barre et que l'on ne peut pas faire la sieste ?

Trois minutes la tête appuyée sur le bras et les yeux fermés suffisent souvent à nous redonner de l'énergie. C'est ce que font d'ailleurs naturellement les tout-petits. Brusquement, ils s'arrêtent de jouer et posent leur tête sur un coussin en suçant leur pouce. On croit qu'ils vont faire la sieste, mais non... Après un court instant de repos, ils reprennent leurs jeux !
Une autre méthode consiste

Pourquoi a-t-on souvent envie de dormir après le repas de midi ?

Parce que nous digérons. Comme la digestion demande beaucoup d'énergie à notre organisme, on a souvent envie de faire une petite sieste.

INCROYABLE !

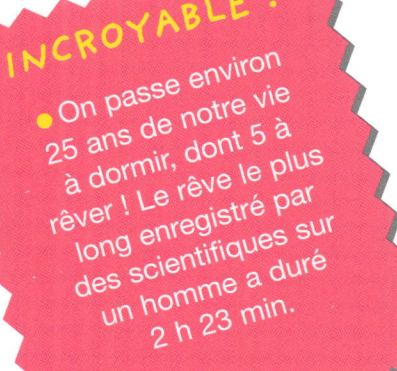

● On passe environ 25 ans de notre vie à dormir, dont 5 à rêver ! Le rêve le plus long enregistré par des scientifiques sur un homme a duré 2 h 23 min.

Les rêves et les petits ennuis de la nuit

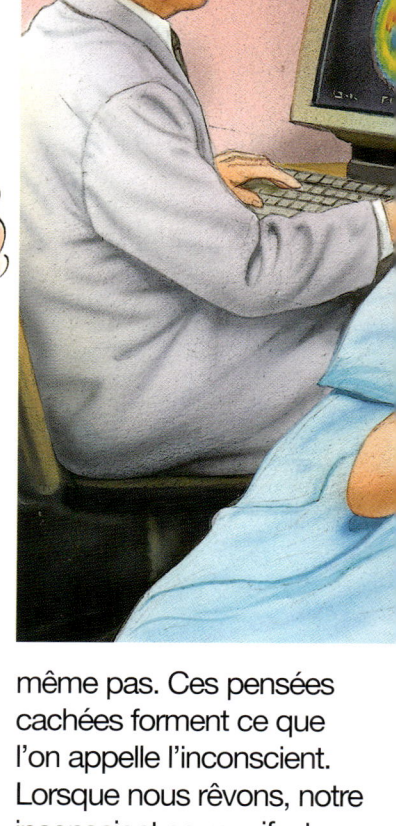

- *Quand on s'endort, notre cerveau se repose un moment. Puis il reprend son activité : nous rêvons.*

- *Un rêve est une histoire que notre cerveau construit pendant que nous dormons. Il dure entre 5 et 30 min. Puis le cerveau se repose à nouveau. Les moments de rêve reviennent 4 à 5 fois au cours d'une nuit.*

- *Il peut nous arriver tout un tas d'aventures, pas toujours amusantes, pendant que nous dormons : les cauchemars, les terreurs nocturnes, l'insomnie ou le pipi au lit. C'est aussi pendant le sommeil que les somnambules se promènent.*

Comment rêve-t-on ?

Pour construire un rêve, le cerveau s'inspire de ce que l'on a vécu dans la journée, mais il puise aussi dans nos souvenirs lointains. Il utilise nos pensées les plus cachées et saupoudre le tout d'un peu ou de beaucoup d'imagination ! Des images apparaissent. Elles peuvent être peu ou très colorées. Des sons, des odeurs nous parviennent parfois. On rêve à des gens que l'on connaît ou à des inconnus.

Pourquoi les rêves sont-ils si bizarres ?

Nous avons tous en nous des pensées cachées. Elles sont tellement enfouies au plus profond de nous que nous ne les connaissons même pas. Ces pensées cachées forment ce que l'on appelle l'inconscient. Lorsque nous rêvons, notre inconscient se manifeste. Mais le problème, c'est qu'il se déguise : pour s'exprimer, il prend la forme d'un drôle de personnage ou d'une situation étrange. C'est ce qui fait, entre autres, que nos rêves ont souvent l'air d'être sans queue ni tête.

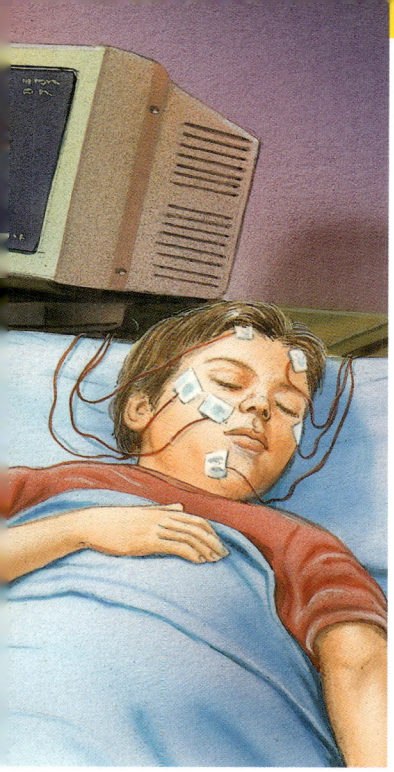

On enregistre les différents cycles du sommeil grâce à des électrodes placées à des endroits précis sur la tête.

comportement étrange. Sans doute rêvons-nous pour permettre au cerveau de mettre de l'ordre dans les événements de la journée et de ranger dans la mémoire tout ce qui pourra lui être utile. Le rêve nous aide aussi à apprivoiser en douceur tous les changements qui surviennent dans notre existence.

effrayantes, nos peurs et nos petites inquiétudes. Ils peuvent être plus fréquents lorsqu'on traverse une période difficile. En tout cas, il semble que les cauchemars nous apprennent à mieux faire face aux épreuves de la vie.

Pourquoi refait-on parfois les mêmes cauchemars ?

Parce que notre inconscient insiste pour que l'on fasse attention à lui. Peut-être avons-nous un souci dans notre vie que nous n'arrivons pas à régler ?

Pourquoi fait-on des cauchemars ?

Les cauchemars traduisent bien souvent, au travers d'histoires

Pourquoi rêve-t-on ?

On ne sait pas encore exactement à quoi servent les rêves ni pourquoi ils reviennent à intervalles si réguliers pendant la nuit. Mais on sait qu'ils sont indispensables : privée de rêves, une personne devient très nerveuse et a un

INCROYABLE !

● Dans l'Antiquité, les Grecs pensaient que les dieux s'adressaient à eux par l'intermédiaire des rêves. Ils essayaient donc de les interpréter pour comprendre ce que ces dieux avaient bien voulu leur dire.

occupée par des rêves. Les rêves permettent en effet à son cerveau de se développer. Quand le cerveau est arrivé à maturation, la durée du rêve diminue.

pourquoi a-t-on parfois un grand sursaut au moment de s'endormir ?

Parce que nos muscles, au lieu de se détendre progressivement, se relâchent très brusquement. On a l'impression de manquer une marche ou de trébucher. Cela arrive souvent après une journée fatigante, quand nous sommes très tendu, ou après un effort important.

pourquoi les enfants rêvent-ils plus que les adultes ?

Parce que, chez les enfants, le sommeil des rêves dure beaucoup plus longtemps. Il faut savoir qu'à la naissance la moitié du sommeil du nourrisson est

pourquoi a-t-on parfois du mal à s'endormir ?

Cela arrive pour diverses raisons : des soucis, par exemple, ou trop de fatigue accumulée (on est énervé et, comme on a du mal à se détendre, le sommeil ne vient pas). C'est ce que l'on appelle une insomnie. Une insomnie qui se produit une fois de temps en temps n'a rien d'inquiétant. Lorsqu'elle se répète souvent et nous réveille la nuit, elle traduit souvent une grande angoisse. Mieux vaut en parler à son médecin.

pourquoi ne se souvient-on pas de tous ses rêves ?

Parce qu'on oublie en dix minutes ce dont on a rêvé. Pour se souvenir d'un rêve, il vaut mieux se réveiller naturellement. En effet, l'éveil spontané du matin a toujours lieu après un rêve.

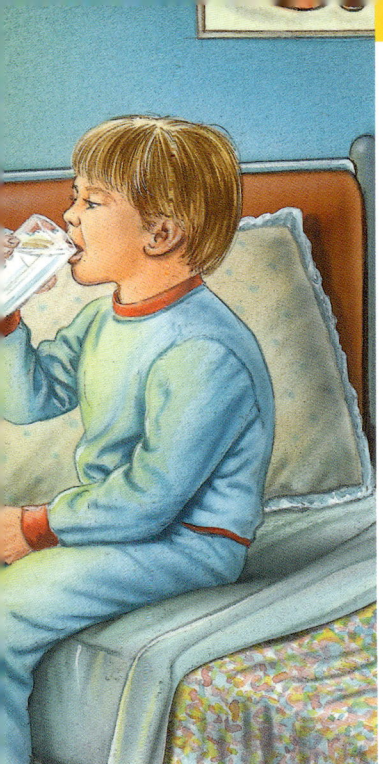

Un verre de lait avant de se coucher, favorise le sommeil.

sur des moutons, on oublie le reste. On peut remplacer les moutons par des petits cochons si l'on veut, ou se laisser aller à nos rêveries préférées. L'essentiel, c'est de soulager son esprit pour arriver à se relaxer.

Pourquoi certaines personnes rêvent-elles de choses qui arrivent réellement ?

On appelle ces rêves des rêves prémonitoires. Mais nul ne peut affirmer qu'ils existent vraiment. Peut-être ne s'agit-

il que de drôles de coïncidences entre ces rêves et la réalité.

Comment ne pas confondre un cauchemar et une terreur nocturne ?

Un cauchemar est un mauvais rêve qui nous réveille parfois et dont on se souvient le lendemain. La terreur nocturne s'observe surtout chez les jeunes enfants, et toujours durant la première partie de la nuit. Cela est très impressionnant pour les parents, car l'enfant crie ou pleure ; on le retrouve souvent assis dans son lit, les yeux grands ouverts l'air terrifié. En fait, il dort profondément et ne se souvient de rien le lendemain.

Pourquoi dit-on aux gens qui n'arrivent pas à s'endormir de compter les moutons ?

Parce que cela distrait et fait oublier les petits soucis qui nous empêchent de nous détendre. En se concentrant

INCROYABLE !

● Lorsqu'ils n'arrivent pas à s'endormir, les Papous se chatouillent l'intérieur du nez avec une plume pour éternuer. Cinq éternuements suffisent généralement à les endormir.

Pourquoi est-on somnambule ?

Au moment de rêver, notre cerveau coupe généralement le contact avec nos muscles ; notre corps se retrouve comme paralysé, incapable de bouger. Quand on est somnambule, c'est que l'on a commencé à rêver avant que nos muscles n'aient été mis hors d'état de fonctionner. Nous pouvons donc nous lever et nous promener. Le somnambulisme touche surtout les enfants et serait héréditaire. Le lendemain matin, on ne se souvient de rien. Certaines personnes sont capables de faire des choses dans la maison : une jeune femme a même repassé son linge tout en ayant les yeux fermés. Étonnant !

Comment empêche-t-on un somnambule de prendre des risques ?

On a effectivement retrouvé certains somnambules sur le toit de leur maison, en train d'enjamber la fenêtre de leur chambre ou de s'aventurer dans l'escalier. Pour éviter ce genre de désagrément, on peut donner au dormeur des ordres simples comme : "Va te recoucher maintenant !" et le reconduire vers son lit. Et n'allumez jamais la lumière, cela risquerait de le réveiller ! Ce qui pourrait le désorienter et lui faire perdre l'équilibre s'il est dans un endroit difficile d'accès.

Pourquoi ronfle-t-on ?

Parfois, c'est parce qu'on est enrhumé ; comme notre nez est bouché, on ouvre la bouche. Chez les vrais ronfleurs, un obstacle gêne le passage de l'air quand ils inspirent ; c'est le voile du palais, une membrane musculaire

Il ne faut pas réveiller un somnambule.

On rêve que l'on fait pipi, mais, en réalité, on fait pipi pour de vrai ! Le pipi au lit peut aussi avoir d'autres causes, surtout lorsque cela se produit souvent. Quand on a certains soucis, par exemple, on préfère parfois rester petit, on trouve que ce n'est pas facile de devenir grand. On refait alors pipi au lit... comme quand on était tout petit !

très fine située tout au fond du palais, qui sépare le nez de la bouche. Tendue pendant la journée, elle se relâche pendant la nuit, surtout quand on est allongé sur le dos. Elle peut se mettre à vibrer au passage de l'air comme une voile au vent. C'est ce qui provoque le ronflement.

pourquoi fait-on parfois pipi au lit quand on est enfant ?

Parfois, on oublie d'aller aux toilettes avant de se coucher.

pourquoi raconte-t-on parfois des choses incompréhensibles en dormant ?

Le fait de parler en dormant s'appelle la somniloquie. Le plus souvent, elle a lieu pendant le sommeil profond. On marmonne des mots sans suite logique, car notre cerveau se repose. Mais il arrive aussi que l'on parle pendant le sommeil des rêves ; comme, à ce moment-là, notre cerveau est en pleine activité, le discours est souvent plus compréhensible.

INCROYABLE !

● On a enregistré chez certains dormeurs des ronflements atteignant 90 décibels, soit le bruit que fait une moto ! Pas facile de dormir à côté d'un ronfleur qui fait autant de bruit !

Quand le corps est malade

- *Les maladies les plus courantes sont des maladies infectieuses, dues à des virus. Beaucoup sont contagieuses : elles se transmettent facilement d'une personne à l'autre.*

- *Il existe aussi d'autres types de maladies, comme les cancers : des cellules formant notre peau, notre sang, nos poumons, nos os ou d'autres parties de notre corps se transforment et se multiplient jusqu'à détruire complètement le tissu (groupe de cellules) touché.*

- *Les maladies génétiques sont dues à une anomalie des gènes qui commandent le fonctionnement de nos cellules.*

- *On reconnaît le début d'une maladie à certains signes appelés symptômes : fièvre, douleurs, fatigue, etc.*

Pourquoi appelle-t-on certains enfants malades enfants bulle ?

Ces enfants sont nés sans défenses immunitaires : ils ne possèdent pas de cellules sanguines capables de les défendre contre l'agression des microbes.

Comme le moindre microbe est très dangereux pour eux, on les place dans une pièce stérile (sans microbes), que l'on appelle une bulle. Personne n'a le droit d'y pénétrer, si ce n'est avec un masque, des gants et une combinaison. Pour guérir les enfants bulle, on leur greffe des cellules du système de défense d'une autre personne.

Comment se transmettent les maladies infectieuses ?

Certaines, comme le rhume, se transmettent par la salive, quand on tousse sans mettre

la main devant la bouche, par exemple. Le virus de la grippe est véhiculé par l'air ; on l'attrape en respirant. D'autres maladies se transmettent quand on s'embrasse ou quand on utilise la même serviette pour se laver. Certains moustiques infectés par le paludisme, véhiculent cette maladie en nous piquant.

Pourquoi a-t-on de la fièvre quand on est malade ?

Qu'il fasse chaud ou froid, la température de notre

Pourquoi les personnes qui ont un cancer n'ont-elles plus de cheveux ?

C'est la chimiothérapie, un traitement destiné à combattre de nombreux cancers, qui est responsable de la perte des cheveux. En effet, en empêchant les cellules cancéreuses de se multiplier, elle attaque aussi des cellules saines comme celles qui donnent naissance à nos cheveux. Ils repoussent une fois la chimiothérapie terminée.

corps est maintenue à 37 °C grâce à une sorte de thermostat situé dans le cerveau. Lors d'une agression par certains microbes, comme le virus de la grippe, ce thermostat se dérègle sous l'effet de substances libérées dans l'organisme par les cellules attaquées. Comme notre organisme dépense beaucoup d'énergie pour lutter contre l'infection, la température du corps augmente et peut atteindre 42 °C !

Pourquoi transpire-t-on quand la fièvre redescend ?

Parce que la diminution de la température de notre corps équivaut à une augmentation de la température ambiante ; comme on a plus chaud, on transpire.

INCROYABLE !

Les hommes ont cru longtemps que les maladies étaient une punition des dieux. Les hommes préhistoriques perçaient le crâne pour que les démons responsables des maux de tête s'échappent.

Pourquoi n'attrape-t-on la varicelle ou la rougeole qu'une seule fois ?

Parce que certains globules blancs (les cellules sanguines chargées de défendre notre corps) ont de la mémoire ; ils sont capables de reconnaître certains virus qui ont envahi une fois notre organisme (les virus de la varicelle, de la rougeole, des oreillons...). Et quand ces

virus pointent à nouveau le bout de leur nez, ils sont aussitôt reconnus par nos défenseurs et cernés par des anticorps (des substances qui les neutralisent).

Pourquoi certaines maladies font-elles tousser ?

Tousser permet de dégager la gorge, la trachée (le tuyau qui mène aux bronches) ou

les bronches (les deux tubes qui véhiculent l'air jusqu'aux poumons) quand celles-ci sont encombrées ou irritées. Souvent, les substances qui irritent ou encombrent ces voies sont dues à une infection (rhume, bronchite...). Quand on tousse, l'air sous pression accumulé dans nos poumons après une courte inspiration est projeté de manière forcée à une vitesse pouvant atteindre 90 km/h !

Pourquoi est-ce si douloureux d'avaler sa salive quand on a une angine ?

Parce que les amygdales, les deux petites boules au fond de la gorge, où siège généralement l'infection, sont très enflammées. En tentant de faire barrage aux microbes, elles sont devenues extrêmement

douloureuses ; d'autant plus douloureuses qu'elles ont augmenté de volume !

Pourquoi a-t-on des courbatures quand on a la grippe ?

Elles sont causées par l'infection. Le virus de la grippe produit en effet une substance toxique qui se diffuse dans l'organisme et provoque des courbatures.

Pourquoi le nez coule-t-il quand on est enrhumé ?

Parce que les virus responsables du rhume irritent la muqueuse (la peau) qui tapisse les parois de

Certaines maladies infantiles, comme la rougeole ou la varicelle, se manifestent par l'apparition de nombreux boutons sur la peau.

sans merci s'engage alors entre eux et nos défenseurs (les globules blancs). C'est le pus formé par le nombre de victimes des deux camps qui transforme le mucus, le liquide transparent du départ, en morve jaune ou verdâtre (beurk !). Le rhume cesse quand tous les virus ont été détruits.

l'intérieur du nez. Au début, on éternue beaucoup pour essayer de chasser les intrus. Comme ils résistent, la muqueuse du nez fabrique un liquide transparent appelé mucus. Le nez coule. On se mouche sans arrêt.

pourquoi le liquide transparent qui coule de notre nez au début d'un rhume devient-il progressivement verdâtre et gluant ?

Parce que les virus responsables du rhume profitent de notre faiblesse pour renforcer leur attaque. Une lutte

INCROYABLE !

• En observant, grâce à certains procédés, l'intérieur du corps des momie à travers leurs bandelettes, des spécialistes ont pu découvrir les maladies dont les hommes de l'ancienne Égypte souffraient.

La visite chez le médecin

● *Quand on est malade, le médecin nous pose des questions et examine les différentes parties de notre corps pour découvrir ce dont on souffre.*

● *Parfois, il nous envoie faire des examens complémentaires (radios, prise de sang, analyse d'urine...) avant d'établir un diagnostic (de préciser notre maladie).*

● *Une fois le diagnostic établi, il nous prescrit des médicaments. Quand cela est nécessaire, il nous envoie chez un spécialiste : dermatologue (spécialiste de la peau), cardiologue (spécialiste du cœur), ophtalmologiste (spécialiste des yeux), etc.*

Comment fonctionne le stéthoscope, avec lequel le médecin écoute notre cœur ?

Le stéthoscope est composé d'un tuyau souple qui transmet aux oreilles du médecin les bruits amplifiés de notre cœur et de nos poumons.

Pourquoi le médecin écoute-t-il notre cœur ?

Parce que notre cœur bat généralement plus vite quand nous sommes malades ; cela peut donc être le signe d'une infection. En écoutant notre cœur, le médecin peut aussi déceler un problème cardiaque.

Pourquoi place-t-il le stéthoscope dans notre dos et nous demande-t-il de respirer bien fort ou de tousser ?

Pour vérifier que nos poumons fonctionnent normalement et bien entendre le bruit qu'ils font. S'il perçoit un sifflement quand on inspire, c'est peut-être le signe d'une laryngite ou d'une bronchite.
Le type de toux, rauque ou grasse, précise souvent le diagnostic.
Lors de l'expiration, un sifflement peut être un signe d'asthme, tandis que de petits craquements (comme ceux que font les céréales dans un bol de lait) annoncent souvent une pneumonie (une atteinte des poumons).

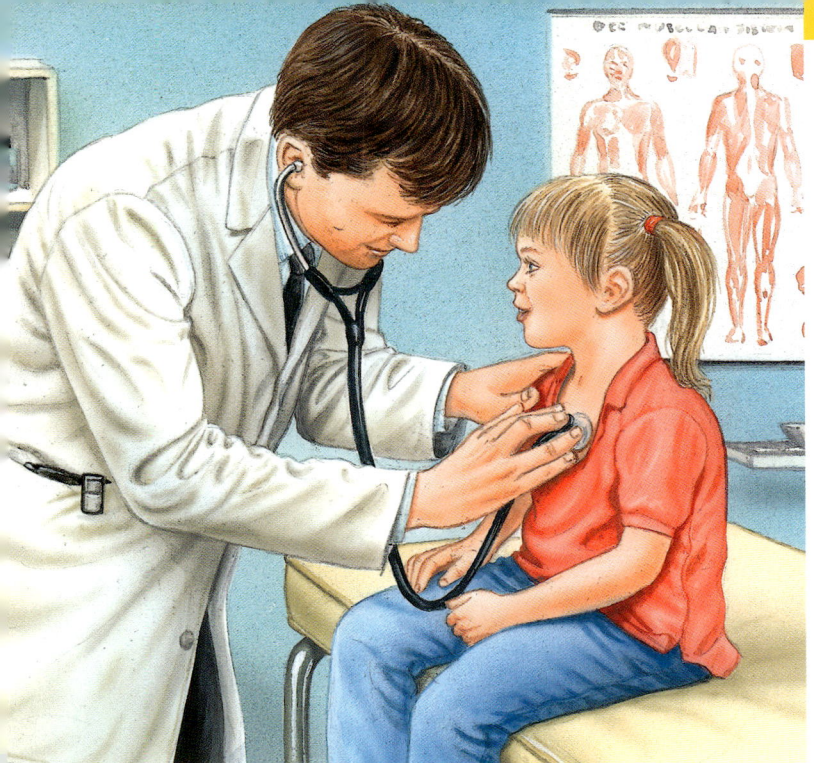

Grâce à son stéthoscope, le médecin vérifie le fonctionnement des poumons et du cœur.

Pourquoi les ganglions sont-ils si gros et douloureux quand on a une angine ?

Parce que les globules blancs, les cellules qui combattent les microbes, s'y accumulent pour lutter contre l'infection, et les font grossir. C'est la bataille entre les "vilains" microbes et nos fidèles défenseurs qui rend nos ganglions si douloureux.

Pourquoi palpe-t-il notre cou à la recherche de petites boules ?

Ces petites boules sont des ganglions. Ils siègent à la base du cou, sous chaque oreille, et aussi sous la mâchoire. Ils gonflent et deviennent très douloureux lors de certaines infections (angine, par exemple).

Pourquoi appuie-t-il autant sur notre ventre ?

Parce que c'est le seul moyen pour lui de vérifier que tout fonctionne bien à l'intérieur : que certains organes ne sont pas douloureux ou enflés, par exemple ; ou que notre estomac et nos intestins gargouillent bien (signe d'une bonne digestion).

INCROYABLE !

• Autrefois, les médecins étaient vêtus d'une longue robe qui leur couvrait tout le corps. Ils portaient un masque représentant une tête d'oiseau sur leur visage et un chapeau sur la tête pour se protéger.

d'hypertension (une élévation anormale de la pression du sang dans les artères, responsable de maladies de la paroi des artères et du système circulatoire) ou d'hypotension (un abaissement de la pression sanguine, souvent dû à une grande fatigue générale).

Pourquoi le médecin nous tape-t-il sur le genou avec un petit marteau ?

Pour tester nos réflexes, les mouvements que nous effectuons avec l'aide des nerfs, sans que notre cerveau intervienne. En fait, il tape doucement sur le tendon qui maintient l'articulation de la jambe en place. Si la jambe sursaute, c'est que nos nerfs réagissent bien... et donc se portent bien.

Pourquoi, parfois, nous met-il un brassard autour du bras ?

Pour prendre notre tension artérielle : il mesure la pression du sang (la force avec laquelle il afflue dans les artères lorsqu'il est propulsé par notre cœur). Il sait ainsi si l'on souffre

Pourquoi nous dit-il de tirer la langue et de faire "Aaah !" ?

Parce qu'ainsi, nous dévoilons bien le fond de notre gorge, ce qui lui permet de l'examiner avec une petite lampe et de détecter une angine, par exemple.

Pourquoi le médecin regarde-t-il à l'intérieur de nos oreilles ? Qu'y voit-il d'intéressant ?

Grâce à son otoscope, un petit tube métallique muni

d'une loupe et d'une ampoule, le médecin peut observer notre tympan, une membrane tendue comme la peau d'un tambour, qui véhicule les sons. S'il est très rouge (au lieu de rose et brillant en temps normal), ce peut être le signe d'une otite.

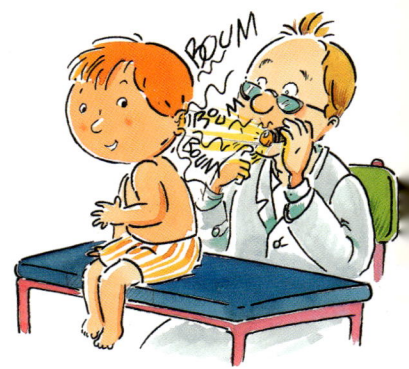

Pourquoi faut-il faire des rappels de vaccins au bout de quelques années ?

Parce qu'au bout d'un moment, les globules blancs (nos fidèles gardes du corps) oublient les caractéristiques du virus qu'ils doivent combattre. Pour que nos valeureux soldats soient de nouveau sur le pied de guerre il faut donc leur rafraîchir la mémoire ! Pour les globules blancs : hip ! hip ! hip !

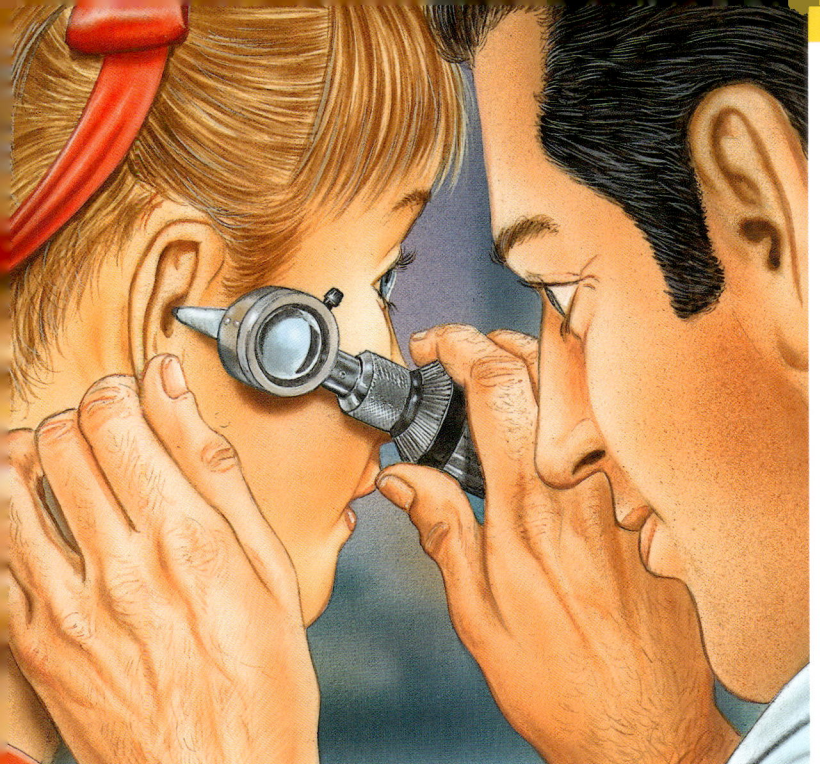

Avec son otoscope, le médecin examine l'état du tympan pour dépister une otite éventuelle.

D'autres ne soignent pas, mais calment les symptômes d'une maladie (la douleur, par exemple, ou la fièvre).
La plupart des médicaments sont pris par la bouche et passent dans l'appareil digestif avant de rejoindre le sang, qui véhicule le remède jusqu'à la partie malade
Parfois, ils sont administrés sous forme de piqûre ; ils sont alors plus rapidement efficaces, car ils passent directement dans le sang.

Pourquoi le médecin nous envoie-t-il parfois faire une prise de sang ?

Pour obtenir des informations supplémentaires avant d'établir son diagnostic. Par exemple, quand les globules rouges, ronds en temps normal, sont tout déformés, c'est que le malade souffre d'anémie (un manque d'oxygénation des différents tissus du corps), qui se manifeste par une très grande fatigue et de l'essoufflement.

Comment les médicaments nous soignent-ils ?

Certains, comme les antibiotiques, aident notre corps à lutter contre des microbes.

INCROYABLE !

• Bientôt, on enverra des sortes de sous-marins miniatures dans nos vaisseaux sanguins pour porter les médicaments directement là où le corps en a besoin.

À l'hôpital

- *Parfois, il faut aller à l'hôpital pour se faire soigner : quand la maladie nécessite un traitement particulier et un suivi quotidien, par exemple, ou quand on doit se faire opérer.*

- *L'hôpital réunit des médecins généralistes et de nombreux spécialistes regroupés en services : maternité, chirurgie, cardiologie, urgences, etc.*

- *C'est dans le bloc opératoire que sont pratiquées toutes les opérations chirurgicales. Autrefois, il était construit comme un théâtre, avec des gradins qui permettaient aux étudiants (futurs chirurgiens) de suivre le déroulement de l'opération.*

pourquoi y a-t-il des hôpitaux pour enfants ?

Les enfants sont souvent angoissés à l'idée d'être hospitalisés et coupés de leur milieu familial. C'est pour leur offrir les meilleures conditions de séjour, et de guérison, que des hôpitaux se sont spécialisés dans leur accueil. Du décor aux nombreuses activités qui leur sont proposées, tout est conçu pour que les petits malades se sentent bien durant leur séjour. Des spectacles sont organisés pour eux, des clowns et des artistes viennent leur rendre visite dans leur chambre ; et si leurs parents habitent loin, ils peuvent dormir sur place. Quand l'hospitalisation dure longtemps, des enseignants viennent leur donner des cours afin qu'ils puissent poursuivre normalement leur scolarité.

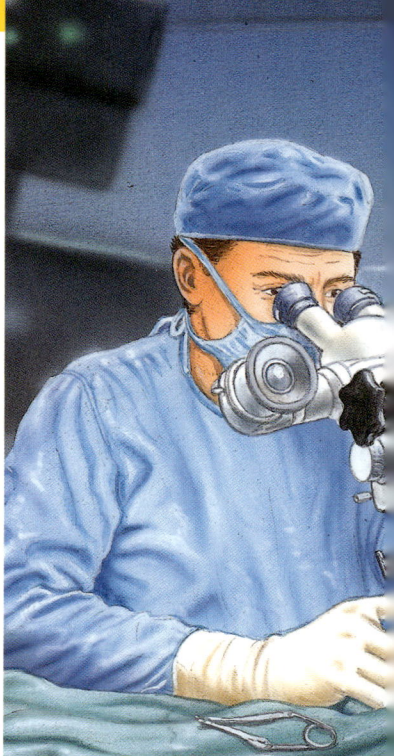

pourquoi le chirurgien porte-t-il un bonnet, un masque et des gants lorsqu'il opère ?

Pour éviter au malade tout risque d'infection pendant l'opération. Pour la même raison, les instruments

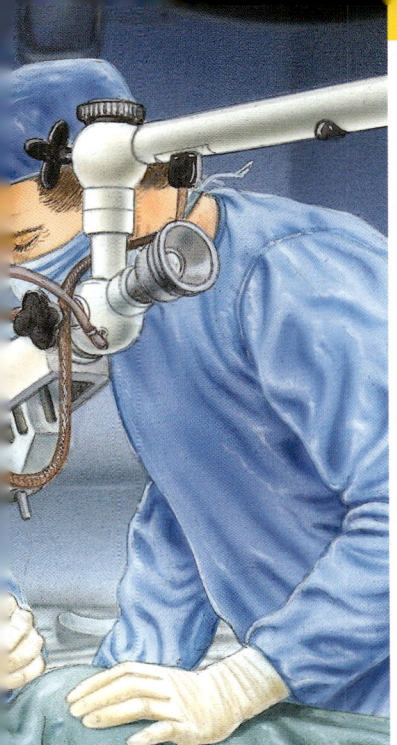

Pour pratiquer la microchirurgie les chirurgiens opèrent à l'aide de microscopes.

Comment opérait-on les gens autrefois ?

Déjà, on n'endormait pas les malades avant de les opérer (l'anesthésie n'est apparue qu'au XIXe siècle) ! Hurlant de douleur, le pauvre patient était le plus souvent maintenu par de solides gaillards, tandis que le chirurgien lui ouvrait le ventre ou lui coupait une jambe (des caricatures datant du XVIIIe siècle illustrent ces pratiques). D'autres chirurgiens, plus sympa (si l'on peut dire !), assommaient leurs patients avant de les opérer, ou leur faisaient boire de l'alcool pour qu'ils souffrent moins. Les instruments chirurgicaux n'étaient pas stérilisés, ce qui fait que bon nombre d'opérés mouraient d'une infection. Il y a un peu plus de deux siècles, l'amputation (le fait de couper un bras, un pied, une jambe, un doigt...) était encore une pratique courante pour empêcher les microbes d'envahir une plaie. Ainsi, certains chirurgiens ne se séparaient jamais de leur mallette à instruments d'amputation (un vrai cauchemar ambulant !).

qui servent à opérer sont stérilisés (débarrassés de tout microbe) avant chaque intervention.

Pourquoi faut-il parfois opérer ?

Pour soigner certaines parties du corps, les réparer (après un accident, par exemple), les enlever, quand elles nous rendent malades, ou encore pour les remplacer.

INCROYABLE !

● Avec un écran d'ordinateur et des manettes, un chirurgien peut guider les gestes d'un robot qui opère à des milliers de kilomètres.

Attention, soleil !

Le soleil est très bon pour le moral et notre organisme en a besoin pour fabriquer de la vitamine D, indispensable pour la bonne santé de nos os.

Alors, pourquoi nous met-on en garde contre les dangers du soleil ? En fait, ce n'est pas le soleil qui est dangereux, mais plutôt l'exposition prolongée au soleil et sans protection (crème, tee-shirt, casquette, lunettes...).

Les peaux claires sont plus sensibles au soleil parce qu'elles fabriquent moins de mélanine que les peaux foncées et absorbent donc moins bien les rayons.

pourquoi attrape-t-on des coups de soleil ?

Pour empêcher les rayons du soleil d'atteindre profondément la peau, celle-ci fabrique de la mélanine, une substance colorée qui les absorbe (c'est pourquoi on bronze). Quand on reste trop longtemps au soleil, la peau n'arrive plus à se défendre. Les rayons du soleil ne sont plus absorbés et provoquent une brûlure : le coup de soleil. Attention en montagne ! Les rayons du soleil sont moins bien filtrés par l'atmosphère et sont donc encore plus redoutables !

pourquoi faut-il entrer progressivement dans l'eau en été ?

Quand on est resté longtemps au soleil, notre peau est chaude et la différence de température avec l'eau peut entraîner une hydrocution, c'est-à-dire un refroidissement brutal de la température de notre corps pouvant entraîner

la mort (on s'évanouit et on se noie). Mieux vaut se mouiller la nuque et les épaules avant d'entrer dans l'eau.

pourquoi protège-t-on autant les enfants du soleil ?

Parce qu'il a été prouvé que 2 ou 3 coups de soleil graves

Tee-shirt et chapeau sont indispensables sur la plage.

Comment ne pas confondre un coup de soleil et une insolation ?

L'insolation ne provoque pas de brûlures de la peau, mais des vertiges, des maux de tête, des vomissements et même des évanouissements.

Pourquoi ne faut-il pas s'exposer au soleil entre midi et 15 heures ?

Parce que ce sont les heures où le soleil est le plus chaud et où ses rayons

sont le plus nocifs pour notre peau.

Pourquoi faut-il mettre des lunettes de soleil ?

Au bord de la mer et à la montagne, le soleil est d'autant plus virulent qu'il se reflète dans la neige ou dans l'eau. Cette réverbération peut entraîner une brûlure de la cornée, la petite membrane transparente qui protège l'œil, et on peut devenir aveugle !

pendant l'enfance et l'adolescence augmentent le risque de cancer de la peau, une maladie très grave.

Pourquoi faut-il se méfier du soleil voilé par la brume ou les nuages ?

Parce que la plupart des rayons dangereux pour l'organisme traversent les nuages et le brouillard.

INCROYABLE !

● Contrairement à ce que l'on croit, les coups de soleil n'épargnent pas les peaux noires ! Elles absorbent certes mieux les rayons du soleil, mais jusqu'à un certain point !

Vilaines bébêtes et plantes toxiques

Certains insectes (moustiques, taons) piquent pour aspirer notre sang. D'autres (frelons, guêpes, abeilles) piquent pour se défendre en nous injectant du venin.

Le venin des insectes, des serpents ou encore des méduses au bord de la mer provoque parfois des allergies (boursouflures, nausées, vomissements...) qui nécessitent quelquefois d'appeler d'urgence un médecin.

Attention aux baies et aux champignons ! Beaucoup d'entre eux renferment des poisons violents !

Comment éviter les piqûres d'insectes ?

Dehors, on peut éloigner les moustiques avec certaines lotions dont on s'enduit la peau. En ce qui concerne les guêpes, les abeilles et les frelons, il suffit en général de les laisser tranquilles. Attention en mettant ses chaussures qu'un intrus ne se soit pas glissé à l'intérieur ! Difficile, en revanche, d'échapper à la piqûre (très douloureuse) des taons ; avec leurs gros yeux multifacettes qui leur permettent de voir devant et derrière elles et leur grande rapidité (jusqu'à 40 km/h), ces mouches très énervantes repèrent le moindre carré de peau, sur lequel elles se précipitent goulûment.

Pourquoi, parfois, les guêpes nous agressent-elles ?

Souvent, c'est parce qu'un aliment sucré les attire sur notre table. Il suffit de l'éloigner un peu pour que les guêpes nous laissent tranquilles. Attention en portant ces aliments à notre bouche ! Les guêpes se glissent parfois dans la barbe à papa ou s'aventurent dans nos verres de jus de fruits. Si l'on est piqué à la gorge, on peut mourir étouffé.

Comment faire si une guêpe se pose sur nous ?

Il faut garder son calme. D'accord, c'est plus facile à dire qu'à faire, mais, en agissant ainsi et en évitant de trop bouger, elle repartira comme elle est venue.

une source de chaleur de la blessure pendant environ 1 minute. La chaleur et le froid neutralisent la douleur... et le venin !

Pourquoi cela gratte-t-il quand on s'est fait piquer par un moustique ?

C'est la salive qu'il injecte dans notre peau en nous piquant qui provoque des démangeaisons. Elle lui permet de garder notre sang bien liquide pendant qu'il se régale. Ben voyons ! Il ne veut pas aussi une paille tant qu'il y est !

Comment calmer une piqûre douloureuse ?

On peut appliquer un glaçon sur la peau ou approcher

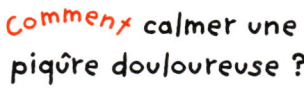

Pourquoi a-t-on un bouton quand un moustique nous pique ?

Parce que le plasma, un liquide qui compose le sang, s'échappe du derme, sous la couche superficielle de la peau, et la fait gonfler.

INCROYABLE !

• Au Japon et en Chine, on trouve des frelons de 10 cm de long ! Tous aux abris !

Pourquoi faut-il se méfier des baies sauvages ?

Parce que la plupart sont très toxiques : elles contiennent un poison très dangereux pouvant entraîner des vomissements, de la diarrhée et même une perte de connaissance. Il ne faut

jamais les toucher ni les goûter, même si les oiseaux les picorent ! Certaines baies de nos jardins, comme celles du joli muguet du mois de mai, sont également très dangereuses !

Pourquoi les méduses affolent-elles les baigneurs ?

Parce que leurs filaments translucides provoquent de douloureuses brûlures. Parfois, elles en abandonnent sur notre peau. On peut les retirer en frottant doucement la blessure avec du sable et de l'eau.

Comment reconnaît-on un champignon vénéneux ?

Il n'y a pas vraiment de règle. Il est faux, par exemple, de croire que tous les champignons blancs sont inoffensifs, ou que ceux grignotés par les limaces sont comestibles. Mieux vaut ne pas cueillir les champignons que l'on ne connaît pas parfaitement : certains renferment des poisons mortels !

Comment éviter les morsures de vipère ?

Les vipères aiment bien les endroits pierreux et ensoleillés, en montagne ou au bord de l'eau. Mieux vaut donc ne pas déplacer les pierres à mains nues et chausser des bottes ou des chaussures montantes dans ces endroits-là.
Pour faire fuir ces grandes peureuses, inutile de faire du bruit : elles sont complètement sourdes !
Il suffit de marcher en tapant devant soi avec un bâton ou en martelant le sol de nos chaussures : elles perçoivent très bien les vibrations du sol.

Comment ne pas confondre une couleuvre et une vipère ?

La vipère a une tête triangulaire, avec un dessin en V sur le dessus du crâne. Celle de la couleuvre est ovale, bien dans le prolongement du corps.

Pourquoi vaut-il mieux marcher avec des sandales en plastique sur les rochers du bord de la mer ?

Parce qu'ils abritent une faune variée et pas toujours accueillante, comme les vives ou les oursins, aux piqûres cuisantes !

Comment pique la vive ?

Ce drôle de poisson, qui aime s'enfouir dans le sable près du rivage, a des épines venimeuses sur le dos qui se redresse dès qu'on l'effleure ou qu'on lui marche dessus.

Pourquoi est-il conseillé de pénétrer dans les étangs et les rivières avec des bottes en caoutchouc ?

Pour éviter les sangsues. Ces sortes de limaces qui vivent en eau douce aiment en effet s'accrocher à nos jambes avec leur bouche en forme de ventouse pour sucer notre sang ! Pour leur

Les vipères aiment se cacher dans le creux des rochers, au bord des torrents.

faire lâcher prise, on peut les saupoudrer d'une pincée de sel (encore faut-il en avoir). Une autre solution consiste à approcher de la bestiole une source de chaleur. Elle déteste ça, et c'est bien fait !

INCROYABLE !

● Petite devinette : pourquoi faut-il faire pipi sur son pied quand on vient de marcher sur une vive ? Parce que cela atténue immédiatement les effets du venin !